U0368507

拉姆·查兰
管理经典

[美] 拉姆·查兰 (Ram Charan) 著

徐中◎译

CEO说

人人都应该像企业家一样思考

（更新版）

What the CEO Wants You To Know
How Your Company Really Works
Expanded and Updated

图书在版编目（CIP）数据

CEO说：人人都应该像企业家一样思考（更新版）/（美）拉姆·查兰（Ram Charan）著；徐中译. —北京：机械工业出版社，2020.9（2024.6重印）
（拉姆·查兰管理经典）
书名原文：What the CEO Wants You to Know: How Your Company Really Works

ISBN 978-7-111-66383-6

I. C… II. ①拉… ②徐… III. 企业管理 IV. F272

中国版本图书馆CIP数据核字（2020）第166030号

北京市版权局著作权合同登记 图字：01-2012-1683号。

CEO说：人人都应该像企业家一样思考

出版发行：机械工业出版社（北京市西城区百万庄大街22号 邮政编码：100037）
责任编辑：黄姗姗
责任校对：殷 虹
印 刷：北京联兴盛业印刷股份有限公司
版 次：2024年6月第1版第9次印刷
开 本：147mm×210mm 1/32
印 张：5.5
书 号：ISBN 978-7-111-66383-6
定 价：59.00元

客服电话：（010）88361066 68326294

衷心地将本书献给我的50年来共同生活在一个屋檐下的12个兄弟姐妹，是他们做出的牺牲让我能够接受正规的教育。

The Translator's Words
译者序

解码 CEO 的商业思维：4+2

做企业好比驾船，CEO 作为船长，需要看天、看仪表盘，根据直觉和数据做出正确的判断与决策，同时，激发全体船员同频共振、高效执行，去完成任务和赢得竞争。

人们总是好奇，为什么有的 CEO 能够获得持续的成功而其他 CEO 却不行？成功 CEO 的商业思维有什么与众不同之处？管理大师拉姆·查兰在长达三十多年的与 GE 的杰克·韦尔奇、美国银行的布赖恩·莫伊尼汉、雅芳的钟彬娴、宝洁的雷富礼等世界级的成功 CEO 的合作中发现，这些伟大的 CEO 与成功的街头小贩其实都在讲着同样的商业语言，有着共同的商业思维，他们总是能够透过复杂的表象看到商业的本质，化繁为简，抓住企业经营的基本常识——“商业智慧”（business acumen）。

《CEO 说》的更新版在保持第 1 版的基本框架和逻辑的基础上，基于数字时代的企业新变化，增补和突出了四个方面的内容：每个公司的本质都是一样的——每个公司都需要做好四件事；现实世界错综复杂，要抓住工作的优先重点；整合运营，了解亚马逊是如何赚钱的；通过完美的执行和协同拓展组织能力。

所谓“商业智慧”，即 CEO 最应关注的企业的四个关键要素：比竞争对手更好地满足客户需求，产生现金净流入，拥有较高的资本收益率，实现盈利性增长。CEO 一旦掌握了这四个要素的本质，就学会了企业运营的基本常识，如果再能够知人善任、建立有效的沟通机制，就能够最大化地提高企业的运营效率，比竞争对手更好地实现盈利性增长。

在这四大关键要素中，客户（市场）需求是方向、目标和原力，盈利性增长是战略原则，现金净流入和资本收益率（= 利润率 × 资本周转率）是关键数据，反映了企业的运行效率，这也是优秀的企业和普通的企业的区别所在。

要理解本书，首先要对企业运营的四个关键要素的定义和功能有一个基本了解，根据书中的先后顺序，简要说明如下。

了解客户是指你需要问自己，你知道你的客户真正想从你这里买到什么吗？为什么？客户可能不只是想要购买这个产品本身，或许还有可靠性、信任、便利、方便，或者不论是网上还是实体店中的购物体验。你只有在充分了解客户需求和趋势的情况下，才能做出正确的决策。

现金净流入是指在一定时期内流入公司的所有现金和流出公司的

所有现金之间的差额。现金流入包括销售产品、提供服务收到的现金等；现金流出包括支付工资、缴纳税金、支付供货商的货款等。我们常有“现金为王”的说法，这反映了企业创造价值的实际能力和企业的自由度。查兰在书中专门指出，在企业中“人人都要重视现金”，因为人人都在占用现金，人人都可以节约和创造现金，这一点非常值得所有人重视。

资本收益率 (ROIC)= 利润率 × 资本周转率，相关概念还有投资回报率 (ROI)、净资产收益率 (ROE)，这些指标从不同角度反映了企业资产的盈利能力。

盈利性增长是指业务销售收入的持续增长，这是由市场规模和企业自身的成长性决定的。企业的业务增长必须是可持续的、可预期的、有盈利的增长。

为了说明上述四个关键要素的实际应用价值，查兰列举了通用电气、苹果、福特汽车、沃尔玛、亚马逊、Netflix、戴尔、星巴克、EDS 等一批优秀企业的真实案例，尤其是“亚马逊公司是如何赚钱的”这一案例堪称持续增长的经典。

此外，除了上述四个关键要素，查兰还特别强调完美执行至关重要，这在查兰的《执行》[㊀]和《领导梯队》[㊁]中也多次重点强调。

要想达成切实的、可量化的结果，你必须能够选择和培养合适的人才，协同他们的工作，并将他们与公司的优先事项紧密联系起

㊀㊁ 此书中文版已由机械工业出版社出版。

来。在完美执行的人才选用育留方面，关键有四条原则：①确保你有合适的人能把工作做好；②教练辅导下属，拓展他们的个人能力，使他们（以及整个公司）能完成更多的任务；③在行为上对下属进行辅导，让他们自己成为领导者；④当人岗不匹配时，做出合理、正确的指导。

在完美执行的组织协同方面，需要建立一种协同个人贡献的机制，这就是“社交沟通执行机制”。坦诚的对话可以大大提高信息交流的效率，对话的质量决定了人们如何收集和处理信息，他们如何做决策，他们如何看待彼此以及这些决策的结果。坦诚的对话可以带来新的想法，加快决策速度，这是一种宝贵的竞争优势。社交沟通执行机制是战略执行的关键。成功的领导者会通过跟进和诚实的反馈来奖励成就卓越的人，教练那些正在奋斗的人，改变那些阻碍组织进步的人的行为。

例如，山姆·沃尔顿定义了他选人的最重要的标准。他小心翼翼地选择那些符合他的标准的人，并对他们进行了适当的培训，使他们得到发展。他教导员工要像老鹰一样盯着销量、价格、存货和客户，同时给予他们足够的决策和行动的自主权。

山姆·沃尔顿建立的社交沟通执行机制使他的优先工作事项更接地气，在一线人们协同工作，同时还增强了责任感。如果在讨论中有人没有做好准备，马上就会被发现。沃尔玛的社交沟通执行机制的主要特点是：信息的即时、协同交换，非正式的对话形式，零过滤

（零距离），高频率（经常性）。

最后，查兰还教导年轻的经理人员要有全局思维，找准自己在大局中的位置，明确自己的工作重点，把工作重点与公司全局结合起来。要成为优秀的 CEO，就必须善于总结提炼、化繁为简、一针见血、深入浅出、形象比喻，把复杂的现象和概念变得清晰明了，容易形成团队的共识，促成精准和高效的行动。

回想 2011 年 8 月 9 日早晨，上海中欧国际工商管理学院，查兰在讲座开始之前问我“为什么中国 CEO 特别关心《执行》”的同时，向我重点推荐了《CEO 说》这本书，也许在他看来，对中国 CEO 来说，《CEO 说》与《执行》一样重要！

最后，感谢清华大学经管学院谢德仁教授在百忙之中对本书中的几个关键术语翻译提出的宝贵意见。感谢机械工业出版社，正是它使得《CEO 说》更新版得以顺利出版。

由于译者水平有限，错误在所难免，敬请读者批评指正。

徐中　博士

领导力学者，领越®领导力高级认证导师

《清晨领导力：新经理人的 50 个领导力修炼》作者

2020 年 7 月于清华大学科技园学研大厦

CONTENTS
目录

第一部分

商业中的通用语言

WHAT THE CEO
WANTS YOU TO KNOW

第 1 章

本书对你有什么帮助

回想一下你的学生时代和你曾经遇到的最好的老师。他不仅对自己的学科了如指掌，而且拥有其他老师所缺乏的东西：能够将学科中复杂的思想（无论是心理学、经济学、数学还是化学）归纳提炼到一起，让学生能够真正理解和掌握。

其他老师可能知识更加渊博、资历更加深厚，但他们就是不能让你灵光一现、恍然大悟。他们不是将复杂的问题简单化，恰恰相反，他们是让简单的问题变得更复杂，完全难以理解。

我进入商界已经五十几年了。童年的时候，我就在印度自家的小鞋店里做事，然后到澳大利亚做了一名工程师。之后，我到美国求学，毕业后在哈佛商学院、西北大学凯洛格商学院和波士顿大学执教。这些年，我为世界各地大大小小公司的 CEO 们提供咨询服务，并在其中部分公司的董事会担任董事。我注意到一件事，最好的 CEO 就像最好的老师。他们能够通过专注于赚钱的基本原理来消除商业的复杂性和神秘感，确保公司里的每一个人（不仅仅是他们的高管成员），都能理解这些商业的原理。

你可能会说，他们这样做是为了自己的利益，因为当每个人都知道公司是如何运作的时候，公司才会更成功。但实际上，这么做受益的不只是 CEO。当人们真正了解他们的组织是如何运作的时候，他们会感到与工作的联系更加紧密，工作满意度也更高。随着公司的盈利年复一年增长，员工有了更多的职业发展机会，能赚更多的钱，公司也可以对社会做出更大的贡献。这一点对于非营利组织或政府机构也是一样的。（参见专栏“非营利组织、非政府组织和政府机构也是如此吗”。）这就是为什么世界各地最好的 CEO 都在朝这个方向努力。这就是为什么我会用《CEO 说：人人都应该像企业家一样思考》作为书名，[⊖]你们可以通过这本书学习、成长，为你的组织和你周围的世界做出更大的贡献。

商业远比你想的要简单

事实证明，商业很简单，也很有逻辑。不管你是站着卖水

⊖ 此书英文书名为 What the CEO Wants You to Know，意即“CEO 想让你们知道什么”。——译者注

果，还是经营一家《财富》500 强企业，都有一些通用的原则，具体包括但不限于：服务于客户，有效地管理现金，明智地使用资产，不断改进业务并实现增长。

这些是商业的基础，也是商业的本质。尽管每个企业都面临不同的文化、语言和政府规定，但这些要素在全球任何一家公司都存在，而且从没改变过。再想想你的学校生活，一旦你了解到原子都是由质子、电子和中子组成的，你就掌握了解决任何化学问题的基础。

我想告诉读者的是：商业活动遵循同样的规律，一旦掌握那些基本原理，你就学会了商业运作的基本知识。

非营利组织、非政府组织和政府机构也是如此吗

有时，当我说**每个人**都需要了解商业的基本原理时，人们会感到惊讶。他们说他们为政府机构或非政府组织（如慈善机构或志愿者组织）工作，这种讨论对他们可能并不适用。

但它实际上仍然是适用的。

让我们以任何组织的四个关键要素之一——有效地管理现金为例。诚然，非政府组织和政府实体通常不会通过售卖物品来筹集资金，但它们仍然必须确保自己有足够的钱来维持现在和未来的运营。对于非营利组织来说，这些钱通常来自捐赠，政府机构则接受赞助。

类似地，就像营利性组织一样，非政府组织和政府机构也需要管理好它们的现金。否则，它们将不复存在，不得不重组或关闭。

结论很简单：我们所有人，无论以什么为生，都需要学习如何在组织中运用赚钱的工具。

我想要告诉你，这些要素对于所有的企业都适用。一旦你掌握了这些要素，你就掌握了企业运营的要诀。

写作本书的目的是希望读者能够从我的经历中受益，本书的思想来自我对于那些最成功的商业领袖的思考和行动方式的观察。在本书中，我们将会看到这些成功人士是怎样让他们的公司和员工成为世界级的赢家的。

当我写这句话的时候，我是认真的

你可能对这本书的起源感兴趣。

时任福特 CEO 的雅克·纳赛尔（Jacques Nasser）希望员工对公司有更多的了解，而不是只关注做好手头的工作。他还希望他们了解整个公司的运作，这样就能看到自己的贡献在哪里，以及他们如何能对整个公司（而不仅仅是他们的特定部门）有所帮助。

他让我给几百名经理教授一门课程。课程进行到第 3 天时，纳赛尔来了，他坐在教室的后面，当我们休息的时候，他对我说：“这正是我想要的，但是要教会每个人这些，要花太多时间了。我想让你写一本简单明了的书，记录下你教授的一切。”

我照做了。

最好的 CEO 和街头小贩的思路是一样的。他们都了解公司的现金状况，也知道他们最赚钱的业务是什么。他们懂得不断售出货物的重要性，同时他们了解他们的客户，因为只有满足客户的需求才能让企业继续经营下去。

你的 CEO 想让你知道的是，这些基本的商业原理是如何在你的组织中运作并协同工作的。花点时间读这本书，你就会明白。一旦你理解了它们，在你的组织中就没有什么可以限制你的了。

写在开始的话

我写这本书的目的是让每个人都能更好地了解他们的组织是如何运作的，尤其是下面这两类人。

第一类是千禧一代，即出生于 1980 ～ 2000 年的 8300 万人，这是有史以来人数最多的一代（人数比“婴儿潮”一代多出了 700 多万）。千禧一代是数字革命的推动者，他们现在已经牢牢地扎根于职场。如果他们真正了解他们的公司是如何运作的，他们很快就能够在组织中担任高管。

商业总是在变化，但基本的东西总是保持不变。

第二类是 B2B 销售团队。原因很简单，目前相关的发展趋势只会加速。云计算消费管理软件公司 Coupa 的 CEO 罗布·伯恩施泰恩（Rob Bernshteyn）称其为“服务创造价值”（value-as-a-service）。这是一个简单的想法，即每个组织都必须向客户交付一些将产生可量化的改进的东西：成本削减了多少；销售改善了多少；收入增加了多少；员工的保留率提高了多少，等等。

在未来几年，每个公司的客户都会说：“你想让我买你出售的商品吗？很好。这是我想要的商品的具体的、可量化的要求。如果你向我证明你能做到，我就买。如果你不能做到，我就不会买。”

如果你正在向有这种需求的人销售或提供服务，你必须了解你的业务和他们的业务，以便进行销售。

本书的结构

在本书的第一部分，我们将解释商业的基本原理——现金净流入、库存周转率、盈利性增长和客户满意度，看看所有的CEO是如何运营的，不管他们是经营初创公司、在线公司，还是大型传统公司。

你理解了这些工具后，我们将向你展示如何应用它们。所以，在第二部分，我们将讨论今天的业务是如何完成的。

我说“今天”是有原因的。多年前，我刚开始从事咨询工作的时候，公司是传统的层级组织。信息通过正式的指挥系统上下传递，每一步都要经过批准。今天，你需要的两个关键技能是协作和集成。协作是因为越来越多的工作是在团队中完成的，因为各种类型的组织都认识到，高层人员并不是所有知识的拥有者。当然，这种协作不仅发生在公司内部，也发生在公司外部，因为组织需要与供应商甚至客户合作来创建新产品和服务。

今天，你不仅要成为团队的一员，而且要成为集成者。

我们将要讨论的是集成，因为工作会越来越多地跨越所有的职能。你需要找到一种方法，让每个人都能无缝地合作，为客户、员工和股东创造价值。

想想亚马逊的Echo产品的诞生，这款语音控制设备可以生成“待办事项”列表；播放音乐；设置警报；实时提供新闻和天气更新；控制家中的智能设备。它需要懂得语音识别软件、人工智能和电子（以及其他技能）的人作为一个团队来实现产品。

这些人了解业务的基础。例如，关于 Echo 的一切都是为客户（我们的业务基础之一）而创建的。创建 Echo 的团队知道，它必须在一秒钟或更少的时间内执行每个请求，否则用户会感到沮丧。这就成为一个不容谈判的目标。

然后，我们将讨论如何完成任务。一起工作和集成固然很好，但你仍然需要完成任务、达成目标。你需要完美执行。我们会告诉你怎么做到完美执行。

最后，我们将讨论你在组织运作的大框架中的角色，以及你能做些什么来确保你和你的员工都能茁壮成长。

基于这个初步介绍，我们开始吧。

第 2 章

最佳 CEO 与街头小贩的共同点：商业思维的本质

商业的语言在任何地方都是一样的。

某个工作日的上午 11 点，曼哈顿中城，你站在第 48 街和第 6 大道的拐角处。（那些从未到过这里的人称它为美洲大道。）你的周围是洛克菲勒中心的建筑。

如果你用智能手机在谷歌地图上搜索，你会发现，你离所有在电影屏幕上见到的地标建筑都只有几步之遥。剧院大部分在西边，时代广场和港务局汽车站也在西边。现代艺术博物馆略北偏东，圣帕特里克大教堂几乎就在正东，它基本上是在洛克菲勒溜冰场的另一边（那里有一棵巨大的圣诞树，每年都会有一个备受瞩目的亮灯仪式）。

从你所在的地方扔出一块石头，可能会砸到无数的媒体公司——彭博社的《商业周刊》就在你身后的大楼里，而福克斯新闻就在街对面，它的“收报机”每天24小时在外面的大屏幕上用霓虹灯打出头条新闻。本书的出版商离百老汇大街不到10分钟的路程。

但最有趣的是，这里的人行道上站满了只有一个员工的零售公司的CEO们，他们的人数确实众多。在街道的两边都有热狗车。你站在一辆写着“洛克菲勒清真食品”的小食品卡车旁边，旁边是一个卖太阳镜和围巾的女人。在她旁边的是一个女画家，花5美元，她就可以为你画一张素描。

当你看向第49街和第6大道时，你会发现那里更加拥挤。有15种不同的餐车，出售从咖啡、丹麦菜到韩国烧烤、印度咖喱等各种食物。在他们的中间，有一个人在卖二手平装书，另一个人在卖仿制钱包。

即使你从未去过曼哈顿，你也可能遇到过类似的情况。很有可能，在你生活的某个时候，你会路过一个城市或小镇，看见大街小巷的小贩们在摊位或者手推车上叫卖，无论是在芝加哥、墨西哥城、圣保罗、孟买、巴塞罗那、旧金山，还是纽约，这些都随处可见。

如果你从他们那里买东西，你可能很快就完成了交易，然后离开。我敢打赌你从没认真思考过他们的生意。如果你这样做了，你会注意到一些令人惊讶的事情。不管这些小贩身处世界的什么地方，不管他们卖的是什么，他们谈论和思考生意的方式都非常相似。他们说的是一种通用的商业语言。

也许更令人吃惊的是，街头小贩所使用的商业语言和著名 CEO 是一样的，如蒂姆 · 库克（苹果公司的 CEO）、马克 · 菲尔德（福特公司的 CEO）、罗睿兰（IBM 的 CEO）、特拉维斯 · 卡拉尼克（Uber 的 CEO），玛丽莲 · 休森（洛克希德－马丁公司的 CEO）、丰田章男（丰田公司的 CEO）、柳井正（全球零售商优衣库的 CEO）和印度低成本航空公司 IndiGo 的 CEO 拉胡尔 · 巴蒂亚等。

在成功经营公司方面，这些街头小贩和世界上最大、最成功公司的 CEO 的商业思维和商业语言是非常相似的。公司的复杂程度不同，但经营方法是相同的。

你可以自己去听一听。上市公司的 CEO 通常会与股票分析师召开季度电话会议（稍后讨论）。你可以听到这些对话，公司的网站会提供一个拨入号码。如果你打电话进去，你会听到 CEO 们谈论销售收入、利润率、收入增长、客户等内容。

当然，经营大公司和小商店是有区别的（稍后我们会讲到这些），但其本质是一样的。

这些人管理着庞大的全球性组织。他们通常被称为管理者或领导者，但就像街头小贩一样，他们首先把自己看作商人。我清楚地知道这一点，是因为我有幸直接观察到这样一批商业领袖。在长达 50 多年的咨询工作中，我有机会“一对一”地与世界上最成功的商业领袖一起工作，这其中包括通用电气（GE）的杰克·韦尔奇（Jack Welch）和杰夫·伊梅尔特（Jeff Immelt）、美国银行（Bank of America）的布赖恩·莫伊尼汉（Brian Moynihan）、雅芳（Avon）的钟彬娴（Andrea Jung）、安进公司（Amgen）的罗伯特·布拉德韦（Robert Bradway）以及宝洁公司（P&G）的雷富礼（A. G. Lafley）。我已经十分了解他们的思维方式，**他们总是能够透过复杂的表象看到商业本质，化繁为简，抓住公司经营的基本要素。**

我是在印度北部一个农业小镇长大的，在那里，我学会了这些基本的商业原理。我观察我的哥哥们一起努力经营他们的小鞋店。由于没有经验，也没有接受过正式的培训，他们与镇上其他也在努力维持生计的人展开了硬碰硬的竞争。他们不断学习、改进，随着时间的推移，竖起了口碑，赢得了当地农民的信任，后来那些农民都成为我们忠实的客户。其他的商店开了又关，我们的店却一直生意兴隆，现在，我的侄子们还在经营那家鞋店，从我的哥哥们最初开业时算起，已有近 65 年的历史了。

这家鞋店支付了我的教育费用，并且使我能够远离故土追寻梦想。19 岁的时候，凭着我的工程学学位，我在澳大利亚悉尼的一家煤气公司找到了一份工作。不久，公司的 CEO 发现了我的商业头脑，并对我委以重任，请我负责制定价格策略，进行投资分析，而不是去设计管道网络。此后，我对商业的兴趣一发不可收拾，CEO 也鼓励我去哈佛商学院深造，在哈佛，我获得了工商管理硕士学位（MBA），后又读到博士，毕业后留校任教 6 年。从那时起，我就有机会给全世界数百位 CEO 提供咨询建议，并给上万的领导者教授商业智慧。

在我早期的咨询工作中——那时我会接触到不同规模、不同行业和不同文化背景的公司，我发现那些公司领导者有许多相似之处，这使我感到震惊。我发现无论公司的规模如何，处于哪个行业之中，一位优秀的 CEO 总是能够想方设法把最复杂的公司问题分解成一些最基本的要素——这与我在印度的家族鞋店里所学到的一模一样。

想出赚钱妙计的人都有商业智慧。有些人称之为“街头智慧”。

最成功的商业领袖从不忽视最基本的东西。事实上，他们对基本要素的高度关注是他们成功的秘诀。就像街头小贩一样，他们对公司如何赚钱有着敏锐的感觉，**我们所有人都需要学习如何使用赚钱的工具。**

记住你的根

很多成功的CEO在早年生活中都曾经有过与街头小贩相似的经历，这正是他们商业智慧的源泉。

莱斯利·H.韦克斯纳（Leslie H. Wexner）在父母位于俄亥俄州哥伦布市的小型女装店里长大。想想像韦克斯纳的父母这样的小型独立零售商所面临的挑战。他们必须针对下述问题制定决策：吸引哪些客户，如何吸引他们；提供什么商品；从哪里进货，用多少钱进货，加上其他费用后商品的实际成本是多少钱。然后，他们必须弄清楚商品的卖价应标为多少才合适，以及如何设计/布置他们的商店。他们必须投入大量的时间用于制定决策，因为每一个决策都很重要。

莱斯利·H.韦克斯纳就是在父母的小店里学会了通用的商业语言，并首次检验了自己的商业思维。在他父母难得的一次休假期间，他研究了父母的账簿，意识到他们所有项目中只有少数是能赚钱的。当韦克斯纳最终在哥伦布市开了一家自己的女装商店时，他一直铭记着这一点，只进利润高的商品。即使他的 Limited 已经变成了 L Brands——一个价值 130 亿美元的零售公司，每年从维多利亚的秘密、Pink、Bath & Body Works、La Senze 和 Henri Bendel 等品牌上赚了超过 20 亿美元，他仍然坚持这个原则。

成长于一个小企业，你会自然而然地学会这些最基本的东西。

你是成长在什么样的环境中

你可能不是在家族的事业中成长起来的。很多时候，你是在公司的某个部门开始了自己的职业生涯，这个部门可能是销售、财务或者生产部门，它们通常被称为“职能部门”，有时也被称为**“职能竖井”**或者**“竖井”**。因为大多数人在一个公司的某个职能部门开始他的第一份工作，当他们获得升职的时候，通常还是在这个职能部门内部晋升，这就好像一个人通过“职能竖井”或者“竖井”垂直上升。

这样的职业路径会限制一个人的视野，影响他们每天的决策和判断。一个对本部门最好的方案，未必对公司整体最有利。如果你的工作只是为产品“锦上添花”，假设遇到竞争，公司可能无法从你的工作中得到足够的利润，因此每一笔销售都会亏损。这就是为什么在早期，惠普要求它的工程师创造出能够产生更高利润的优质产品。他们确保工程师了解整个公司的业务，而不仅仅是要他们待在孤立的“竖井”中创造优质产品。

问题很简单：你可能是一个顶尖的专业人士——擅长营销或其他，但你真的是一个商人吗？不管你做什么工作，你都需要了解整个组织是如何赚钱的。

当你学会把公司看成一个整体，并且能够做出提高公司整体绩效的决策时，你的会议就会少一些官僚主义作风，更多地关注业务本身。当讨论富有建设性和创造性时，你们的时间就过得飞快。对于工作，你将会更有激情，因为你能看到自己的建议和决策在帮助公司不断发展壮大。你的使命感将更强烈，你的能力也将获得大大提高。

学会说通用的商业语言将有助于推动你的事业发展。

当你学会使用商业通用语言时，你将可以打破藩篱——横在一个职能化的“职能竖井”人与那些穿着考究、说着行话的高层管理人员及 MBA 们之间的那堵“墙”。你将感觉到自己与公司业务融为一体，展现在你面前的机会也大大增加了。

街头小贩的技能

在印度的一个小镇上，一个沿街叫卖水果的小贩是如何谋生的呢？一些支付了 25 万美元学费的 MBA 可能会说小贩需要“预测需求”。但是，我们的街头小贩不知道这些行话，他没有电脑，他“只是”对商业的本质有自己的理解。他必须根据他自己对于当天销售的预测来决定明天上午进什么货，包括货物的种类、品质和数量。

然后他将制定价格策略，价格可以根据一天中需求的变化而灵活调整。他不希望把没有卖出去的水果（存货）带回家。如果这些水果出现变质，第 2 天就会一文不值。他们不希望保留存货的另一个原因是他们需要“现金”。

在销售中，他每时每刻都在考虑是否应该降价、什么时候降价以及应该降价多少。如果他优柔寡断或者是做出了错误的选择，那么他就会面临失败。如果降价太早，他当天可能赚不到钱。如果降价太晚，他可能只剩下腐烂的存货。

这一点对于公司也一样。比方说美联储提高了利率，那么对于汽车的需求就会大幅减少，因为人们无法承受美联储的决策所带来的汽车贷款利率的上升，但是汽车公司却无法及时调整它们的生产。如果出现这种情况，汽车公司会尽力处理掉多余的存货以收回现金，这需要公司投入大量的精力。这就是你会在电视上看到类似于“某某汽车公司提供现金折扣”广告的原因。折扣降价和增加广告投入都会降低利润，而且这种促销手段本身也会使得品牌形象贬值。但是，公司必须承担这种负面结果，因为它们需要现金。

回到街头小贩的思维

让我们仔细看看我们的街头小贩，看看他们的日常是如何运作的。

每天早晨，街头小贩架起他的推车，把那些外观最好的水果放在最前排（零售商把这种做法称为推销）。他观察着竞争者，看他们都在卖些什么，价格怎样，这些小贩每时每刻考虑的不仅仅是今天，还有明天。如果他的货物卖不出去了，就不得不降价（让渡价值给客户）、重新陈列货物或者加大吆喝声（广告）以吸引客户到他的摊位。可能因为今天的教训，明天他将制定一个更合理的价格策略，或者他将改变蔬菜和水果的种类（产品组合）。如果有些因素不起作用了，他就进行调整。他会在脑子中进行着这一切。

那么，他是怎样来判断和评价自己工作的呢？答案是：当一天结束的时候，兜里有现金就说明他做得好。每个人都知道现金为王，也就是兜里要有钱。世界上任何一种语言中都能找到关于现金的重要性的表述。那些街头小贩更是一直想着现金——想着是否有足够的现金？如何能得到更多的现金？是否还能继续赚取更多的现金？

如果在一天结束的时候，商贩手中没有剩下现金又会怎样呢？这将是非常可悲的事情。作为挣钱养家的人，这是很丢面子的事，家庭压力会让他无法承受。而且不可否认，在印度，此时他的家庭甚至可能没有足够的食物。这样的环境迫使商贩强烈关注现金净流入。

不管这个小贩有没有意识到这一点，在他的潜意识里肯定是在思考着一些更加深入的东西：他将如何采购第 2 天的货物，他需要现金以维持业务。

公司也是这样。我们总是会听到某某公司为现金所困。它们可能生产了过多的产品卖不出去，以致大量现金被存货占用；或者它们投入了过多的资金建厂，过大的工厂规模却不能为公司获取足够多的利润；或者它们以赊账方式把货物卖给了分销商、零售商，但是货款迟迟未能收回。

当公司不能产生足够的现金时，它们通常会选择借款，这增加了它们的成本，因为它们必须为贷款支付利息。如果它们大量借贷，却不去纠正造成现金短缺的问题，它们将难以偿还贷款。有些人正是因为没有掌握这个商业智慧而破产。

再回到前面所说的街头小贩。每个国家的商贩采购水果的方式都是不一样的。在印度，当个人的现金不够时，他们就去借钱。为了生计，这些商贩不得不想方设法赚取足够多的现金，从而保证在偿还借款后还有盈余。

小贩每卖掉一个瓜，只能赚到一点钱。他的利润（水果的购买价和卖出价之间的差额）非常低。他的利润率（利润占总收入现金的比重）大约在5%。（对于这个基本概念，不同的公司使用不同的术语。有些公司把它称为“销售利润率”或者是“营业利润率”。作为公司的一员，你必须弄清公司对这个概念的称呼。但是无论怎样，更为重要的是这个概念本身，我将在后面做更为全面的介绍。）

让我们假设这个小贩借了4000卢比（约合60美元）。这是他的资金，可以用于他的日常经营，他把这些钱作为定金买来了价值40 000卢比的水果，那么这些水果就是他唯一的资产。如果他以2%的利润率（扣除所有的费用）卖出了这批价值40 000卢比的水果，那么他就能赚取800卢比。也就是说，他用他的4000卢比资金赚取了800卢比的利润，所以他的资本收益率就是 20%。（下一章将会引入更多的计算。）

那么，这个小贩能不能抬高价格以赚取更多的利润呢？这个可能性很小。因为如果他把价格定得太高，客户就会转向其他商贩。那他能不能花更少的钱来购得这些水果呢？或许可以，但是如果他购买的水果都熟过头了，客户会很容易看出其中的区别。也可能有些水果卖得特别好，那他是否应该只卖那些最赚钱的水果呢？

20 世纪 90 年代初的汽车行业，福特在与通用汽车的竞争中，首先改变了自己的产品组合，从而赢得了决定性的财务优势。当时，福特汽车公司敏锐地察觉到了运动型多功能汽车（SUV）和轻型卡车需求的增长。在继续提供全系列车辆的同时，福特把几条原本生产小汽车的生产线用于生产 SUV 和轻型卡车，因为它们比小汽车更赚钱。这使得福特汽车的市场份额在该产品领域中占据了领先优势。当然，通用汽车现在已经夺回了这一领先优势。

这种想法经常发生。回想一下 iPhone 的发展历程。是的，它是一个革命性的产品（没有键盘！），在本质上它是一种新的个人电脑，一种你可以拿在手里的电脑。但人们忘记了苹果在一开始推出这款手机时做了什么。

在那之前，每当黑莓（Blackberry）或诺基亚（Noika）等公司推出一款新手机时，它们都会向所有手机服务运营商提供产品。运营商总是以低价出售手机，以此吸引人们与它们签约使用其所提供的服务。

这是一个典型的商业策略。但从制造手机的公司的角度来看，问题在于这个策略压缩了它们可以向手机服务运营商收取的费用。如果 Verizon，Sprint 和 T-Mobile 打算低价出售这些手机，它们不会愿意出高价从厂家购买手机。本质上，电话公司控制着手机的价格，而不是手机制造商。

苹果公司采取了不同的路线。最初，苹果并没有向每家运营商提供 iPhone，而是与美国电话电报公司（AT&T）签订了为期 5 年的独家协议。这一安排使得苹果可以对这款革命性的手机收取更高的价格。商人就像街头小贩一样，必须时刻保持这样的创造性思维。

对于一个街头小贩来讲，他将不得不面对很多的现实。如果他不断地重复错误的决策，他的生意将很难维持下去。如果他不和客户进行公平交易，客户将不会再次光顾，而且他的名声将越来越差，销量也会不断下降。相反，如果他每次都公平买卖，他就能逐步建立起客户对他的信任，在获得利益的同时也提高了客户的品牌忠诚度。

结果就是：他的所有工作都是客户导向的。

向街头小贩学习

运营一家个体公司看起来似乎很简单，但是它也涉及很多决策，而且这些决策全凭直觉做出——没有计算机的辅助、没有复杂的预测技术、更没有在价格高昂的旅游胜地召开的会议。这些经营技巧和商业智慧都是在世界各地的城市和乡村中世代相传下来的。小孩在餐桌旁听长辈们讲授经验，再利用部分时间参与到经营中去。他们很直接地理解了商业的整个运作过程。

我的成长经历就是典型实例。直到今天，我还能清晰地回忆起每天晚上大概 9 点左右，我和我的堂兄们从商店回家，然后聚集在屋顶上乘凉。我们讨论着一天中发生的事情——哪些客户来了，哪些没来；卖了什么东西，哪些没卖出去；明天早上要从谁那儿借钱，以及村里两家最兴旺的商店正在采取什么有效的经营措施（最佳实践）。

作为家中最小的孩子，每天我都看到我的兄长们在努力和客户建立关系（我们可以称之为建立他们的品牌），并对鞋的产品组合和价格做出适当调整。每完成一桩交易，那家和我们的鞋店只一墙之隔的竞争商店就要努力地劝说那个客户退货，然后再从他的店里买鞋。这是一种近乎贴身肉搏的竞争。但每天结束时，我们都能保持收支平衡。虽然我们不会使用新奇的术语，但是我们确实是在不断学会一些赚钱的基本道理，为我们的股东（也就是我们的家庭成员）创造价值。

你也可以通过掌握赚钱的基础知识来磨炼自己的商业智慧：客户、现金净流入、资本收益和收入增长。

第3章

每家公司的本质都是一样的：每家公司都需要做好这四件事

在每家公司，基本的构成要素总是相同的。

公司要想赚钱，有四个要素需要加以关注：满足客户需求（而不是只关注市场上的竞争状况），产生现金净流入，拥有较高的资本收益率并实现盈利性增长。大多数人都知道如何把其中的一两件事做得很好。真正的商人既能够深入理解这四个要素中的每一个要素，**又能够理解它们之间的关系**。在我们读完这一章的时候，你也可以做到。

商人有一种贪得无厌的欲望，总是想要找到赚钱的根本途径。

客户、现金净流入、资本收益率和盈利性增长四个要素构成了公司日常运营的核心。公司的一切都来自这个核心。公司是否能够吸引并留住客户？公司是否能够产生现金净流入并获得良好的资本收益率？这些是在持续增长吗？如果这些问题的答案是肯定的，那么通常来说，生意会做得很好。如果这个核心有了偏误，公司必将变得举步维艰。

这四者之间的关系如何呢

我们说，真正的商人不仅了解业务的基本要素，而且了解如何满足客户需求、产生现金净流入、拥有较高的资本收益率和实现盈利性增长。举一个日常的例子。

一家公司计划推出一种新产品。它希望该产品能卖个好价钱，这样公司就能盈利，并产生足够的回报。为了做到这一点，营销主管想要做一个大的广告活动，以激发客户兴趣，从而推动销售增长，但生产主管想要增加库存，以满足预期增长的需求。

但这两件事（在广告宣传上投入巨资和将资金用于生产）是在消耗现金，而不是产生现金。所以在这两者间需要取得平衡。

如果产品不适合市场，公司将不得不降低价格（可能会降至低于成本）将多余的库存转化为现金，而广告宣传活动则只是在浪费钱。

不要因为你没有接受过正规的商学院教育，或者公司的规模太小而影响了你对商业本质的认知。请像街头小贩那样思考

问题吧，透过表面现象看到业务的本质。如果贵公司的上述四个基本要素中的某一个或多个出现问题，你就需要运用你的商业本能去修正它。如果你这样做了，表明你已经像一个真正的商人和成功的 CEO 那样思考问题和解决问题了！

让我们分别看一下这四个部分。

了解客户

我们先从客户开始。如果你没有客户，你就没有生意。你必须满足客户的需求，或者解决他所遇到的问题。街头小贩非常了解他的客户。通过简单地观察客户，小贩能知道他们是否喜欢他的水果，还能看出他们的喜好是否在改变。那些真正了解商业的运作本质（即拥有小商贩智慧）的 CEO 也与客户联系紧密，而且他们知道如果不能使客户感到满意，他们的公司将难以存活。这是一个普遍适用的真理。

尽管现在许多公司使用分析工具来分析每一个客户的购买行为，并不断地做市场调查和集团客户分析，试图了解客户的行为和需求，但最好的 CEO 并不会只根据数据做出决策。眼见为实。这就是为什么百事可乐的英德拉·努伊（Indra Nooyi)、宝洁的雷富礼和苹果的蒂姆·库克会亲自拜访商店，亲自进行观察。

你也需要这样做。每个人都可以获得相同的消费者数据，阅读相同的交易文件，参加相同的行业会议。如果你只是像你的竞争对手那样行事，你将永远无法超越他们。这就是为什么你要观察产品的所有交互过程。你需要与经销商、批发商（如果贵公司有的话）以及终端用户沟通，以真正了解情况。

如果你有想法，不妨与消费者一起检验你的想法，看看你是否正确。同样，你要花时间研究行业将走向何方，客户的品位与生活方式是否正在发生改变。当你基本清楚了，与客户沟通确认。能获得第一手的信息总是最好的。

在贵公司，可能你们会谈论那些购买你的产品的“客户”。他们可能是也可能不是那些产品的最终使用者，即消费者。同时理解这两者非常重要。当宝洁公司决定开发新产品的时候，它试图去了解**消费者**的需求和需要，但是其中的很多环节（物流、折扣和推销）都是面向塔吉特这样的**客户**的。

当你同时考虑消费者和客户的时候，请把他们想的简单一点、具体一点。消费者在买什么呢？他购买的可能不只是这个产品本身。或许还有产品背后的可靠性、品牌的可信度、便利性、相关的服务或者（不论网上还是实体店中的）购物体验。

你知道你的客户真正想从你这里买到什么吗？为什么？

当你发现维持之前的价格和利润都有困难时，就应该去和消费者进行交流，以弄清背后的原因。直接的、不经过滤地观察他们，而不是通过分销商或其他中间人的眼睛。无论你做什么工作，都要培养自己观察客户的能力。如果诺基亚和黑莓公司做到了这一点，它们就不会错误地估计 iPhone 可能对其业务造成的破坏性影响。

我们总是谈论客户的忠诚度。在每一次与客户的接触和交流中，你都需要赢得这种忠诚度。客户需要一个简单的理由来购买你的货物，你必须要提供他们真正需要的东西。可能是一个低的价格，也可能是质量、服务或者针对他们的问题的解决方案。你可以从客户的身上得到这些需求信息。这是一个常识。但是你肯定会吃惊地发现，这种商业常识经常被遗忘。

确保你永远不会因为对客户的了解不够而被指责。CEO 希望你能了解公司的客户。

现金净流入

现金净流入是衡量公司赚钱能力最重要的指标之一。

现金净流入是指在一定时期内流入公司的所有现金和流出

公司的所有现金之间的差额。

一个精明的商人需要知道：他的业务是否产生了足够的现金净流入？现金净流入的源泉是什么？现金是怎样使用的？任何一个不善于思考这些问题，也说不出答案的商人都将注定失败。

现金净流入是指在一定时期内流入公司的所有现金和流出公司的所有现金之间的差额。你可能听说过它被描述为“现金流”，这是一个简称。我更喜欢使用“现金净流入”，因为它使人们都能理解这一概念的两个部分：流入的资金和流出的资金。

公司现金流入包括客户用现金、支票和信用卡来购买公司的产品；现金流出包括支付工资、缴纳税金、支付供货商的货款等。

街头小贩用现金经营他的所有买卖。客户支付现金，小贩也在同一天将现金支付给他的供货商。对于小贩来说，现金和收入是同一个东西。

但是大多数公司都提供赊销服务，所以此时现金和收入就有所不同了。公司今天卖出产品，将货款入账，却在一段时间后才能实际收到货款。相应地，它们现在购买产品，却不马上支付，而是在一段时间后才支付。这样就有了应收账款（客户欠它们的钱）和应付账款（它们欠供货商的钱）。这些款项的支付时间在很大程度上影响了现金净流入。

即使是最大的公司，现金净流入也是个问题，原因有很多：利润率太低；费用太高或者收取应收账款的时间太长。汽车行业在现金净流入方面历来存在问题。克莱斯勒公司在 20 世纪 80 年代初耗尽了现金；大众汽车在 20 世纪 80 年代末也是如此。一个典型的例子可能是通用汽车，它在 2009 年被迫申请破产。当你没有足够的现金，又不能获得贷款时，你就会破产。

但这不仅仅是大型制造公司的问题。一个最知名的现金危机案例竟然发生在一家管理咨询公司。这家公司的高级合伙人借了大量的钱来购买该公司，所以每个月都需要很多现金来支付利息。在 1998 年的某个时刻，现金短缺形势已经非常严峻了。在这样的情况下，似乎唯一的解决方案就是出售部分业务，但是这必将减少每个合伙人的股权份额。

就在这笔交易将要成交的时候，CEO 终于洞察了问题所在，这才挽救了他们的利益。她发现客户总是拖延付款时间。应收账款（即客户欠公司的钱）的平均回收期是 90 天（即从公司开出发票到发票被兑现需要 90 天的时间），而不是 45 天的行业平均值。

她负责此事，并指派首席财务官建立一个系统来加速收款。她还让合作伙伴在项目进行时寄送发票，而不是等待项目结束一个月之后再寄。这些简单的变革改善了公司的现金流，让公司得以持续经营。

对于硅谷和其他地方的初创公司来说，现金告罄是一个很普遍的问题。例如，当产品进入市场的时间比预期的要长，或者启动的成本大大高于预算时，公司突然发现自己的钱用完了。

现金带给公司生存能力，它就是公司的氧气。现金短缺、不断消耗现金都可能招致麻烦，即使其他盈利因素（比如利润率和增长率）看起来很好。

每家公司都要在年报中陈述一年中的现金收支。贵公司有净现金流入吗？为什么？如果贵公司没有净现金流入，就应该考察，这究竟是因为贵公司的管理层在投入大量资金以谋求公司发展，还是因为积压了太多的存货，公司各项费用太高，应收账款的回收时间太长，公司借了太多的钱难以偿付……

如果你为一家大公司工作，那么你所在的子公司是否也产生了现金净流入呢？有时候你会听到子公司总裁说："我正在努力地使我的子公司赚取现金，而不是实现盈利性增长。"这反映了高层领导对该子公司的期望。比如说这种情况下，高层可能会做出决策，用这个低速增长业务产生的现金，支持另一个处于快速增长行业的子公司的研发部门（R&D）、营销部门和工厂扩建。

有时候，公司会被其背后的家族视作收入的主要来源，公司仅仅是“赚钱的工具”，家族成员希望通过公司赚取现金（以股利的形式向他们支付）来满足他们当下的需求。

人人都要重视现金

在人们的日常生活中，大多数人都能理解现金的重要性，比如，在拿到薪水之前收到账单该怎么办。

但是在一个大公司中，很多人却无视现金，或者认为这只是财务部门的事情。

无论你为营利性组织、非营利性组织还是政府机构工作，了解资金的来源和去向都很重要。每个人（不仅仅是财务部门的人）都需要知道，如果他们的事业要蓬勃发展，他们需要知道他们的工作是如何影响现金净流入（或消耗）的。

其实，公司中的每个人都应该注意到他们的工作也在消耗现金或者产生现金。一个销售代表通过商务谈判将付款期从 45

天缩短为 30 天，这是一个非常不错的结果，因为这样公司就能更早获得现金，使得这笔现金的价值得到更早的发挥——也就是说，让这笔现金能够用于其他方面。一个工厂管理者如果规划混乱，将导致存货大量积压，从而占用大量现金。因为在售出存货之前，公司将无法释放现金。

即使是收发室人员也对现金净流入负有责任。他们分选、整理和送出邮件，包括信件、账单和支票。请注意支票非常重要！假设收发室在周五下午才把上午收到的信件分选和送出，其中的支票直到下午 4:30 才送达相应接收部门，但这时负责应收账款的人员已经准备好下班了。他们将在星期一打开信件。那支票到什么时候才能转成现金呢？在它到达银行的 3 天之后。

让我们再来分析支票信件是如何邮寄的。在很多公司，发票是星期五下午 2 点以后才准备好，星期一上午寄出。只是因为这是一直以来的做法而没有人关注到其中包含的现金净流入问题。也就是说，如果能赶在星期五下班之前寄出发票，公司将提前两天收到付款，现金状况也将随之改善。

由此可见，大批的人参与了与现金流相关的工作，甚至包括收发室里的员工。你需要知道你公司的现金状况，以及你对此能做些什么。

一个发人警醒的故事

关于现金管理的重要性，最近最好的一个例子或许是 Webvan 的遭遇，它是互联网上最大的失败之一。

从表面上看，Webvan 似乎是一个很好的创意。客户可以在线订购食品杂货，直接送货上门。

在谈到 Webvan 时，该公司的技术主管彼得・雷兰（Peter Relan）表示，营销策略很简单：Webvan 将以传统超市的价格提供优质、高档的全食超市（Whole Foods）食品。

这虽然很有吸引力，但这意味着该公司的利润率将低于一家高端零售商。为了解决这个问题，Webvan 将高度自动化，设计和建设最先进的仓库物流，以尽可能高效地完成订单。

这本来是可行的，但公司扩张得太快了。最初的计划是在 26 个大城市开放，每个都由公司的一个仓库提供服务，每个仓库的成本约为 3500 万美元。这意味着仅这些仓库的成本就超过了 9 亿美元。再加上公司运营所需的昂贵的电脑系统、3500 名员工的工资以及所有的专业送货车，公司每个季度的开支高达 1.25 亿美元，很快现金就入不敷出。

这家公司成立大约 4 年后就倒闭了。

近年来，一批精明的商人摸索出了一套管理现金净流入的

好办法，其中很多努力都集中在存货的管理上，因为大家都知道存货套牢了大量现金。让我们以网络零售的先驱亚马逊为例，在刚起步的时候，亚马逊只是卖书，并没有存货。这使得它与那些需要把大量书籍存放在书店和仓库中的传统书商相比，有着巨大的现金优势。亚马逊通过互联网收取订单，然后再用别人的配送设施把货物发送给客户。书被发送以后，客户需要立即通过他们的信用卡公司支付书款，而亚马逊则在几周以后才向它的供货商支付货款。这样就产生了大量的现金，公司可以把这些现金用于市场营销以获取更大的销量。

亚马逊一直坚持采用这种方式。据《华尔街日报》报道，亚马逊 2015 年销售的商品中，约有 40% 是由第三方商家提供的，它们在亚马逊网站上陈列自己的商品，但自己处理配送和库存。

《华尔街日报》写道："亚马逊从外部卖家那里赚取一定比例的佣金。一些分析师认为，许多外部机构销售的商品利润率高于亚马逊直接销售的商品。"当然，它也没有把自己的钱花在第三方销售上。亚马逊是当今商业运作的一个很好的例子，我们将在书中把它作为一个案例多次使用。

产生现金净流入的不只有网络公司。许多"旧经济"公司，如通用电气、麦当劳、联合技术公司和伯克希尔－哈撒韦公司，都是现金净流入的创造者。例如，通用电气 25 年来一直在创造现金净流入。通过提高生产效率，它减少了库存，增加了生产能力，却无须新建工厂。

明智的投资提高了公司赚钱的能力。此外，现金还会带来一个心理方面的优势：当一家公司拥有自己的现金而不是借来的钱时，公司高管更倾向于进行有更大潜在回报的大胆投资。亚马逊从一个网上书店转型为世界上最大的零售商之一就是证明。

毛利率

理解现金净流入的一个关键是要了解毛利率（gross margin）。事实上，如果你理解了毛利率，你就很好地理解了商业的核心。你需要了解你的企业的毛利率是如何形成的。

但在我们谈论毛利率之前，我们需要先退一步来谈谈一般意义上的利润。在本书中，我们用利润这个词来指代净利润，即公司在支付了所有费用之后所挣的钱。这些费用包含了与产品的制造和销售相关的费用，加上维持公司正常运营所支付的贷款利息和所得税。

但“毛利率”产生在此之前。

用一家公司或一条生产线的总销售收入减去制造、或购买该产品或服务的直接成本，就可以计算出毛利。这些包括生产产品所用材料的成本以及直接人工成本。销货成本（cost of goods sold，COGS）不包括间接费用（如销售费用、一般管理费用或分销费用）。

确定公司的毛利率有两个步骤。首先，用公司的总收入减去销货成本。（你通常不需要弄明白这两项到底包括什么内容。它们列在了贵公司的利润表上。）然后将这个数字除以总收入。公式是这样的：

（总收入 – 销货成本）/ 总收入 = 毛利率

所以，如果生产一件售价 100 美元的产品的成本（材料和劳动力）是 80 美元，你的毛利率就是 20%：

（100–80）/100 = 0.20，或 20%

回想一下我家的鞋店。假设我们店卖出 1000 双鞋，每双售价 50 美元。我们的销售总收入为 50 000（=50 × 1000）美元。让我们假设与鞋子直接相关的成本是 30 000（=30 × 1000）美元。我们的毛利是 20 000（= 销售总收入 50 000 – 销货成本 30 000）美元。

从公式中可以看出，毛利率也可以表示为百分比：

（50 000（销售总收入）– 30 000（销货成本））/

50 000（销售总收入）=0.40，或 40%

我们可以说我们家族生意的毛利率是 40%。

虽然毛利率的计算很简单，但其背后的逻辑才是推动你走向成功的关键所在。这个数字背后的产品组合、客户组合、价格组合、渠道组合和成本结构是什么？它们中的任何一个都能产生更高的毛利率吗？材料和人工成本呢？它们是否可以减少（这也会增加毛利率）？

多问几个这样的问题可以让你真正地分析业务。这就是为什么许多商人和投资者跟踪毛利率，因为它提供了关于业务的重要变化的线索。例如，如果你的毛利率从 52% 降至 48%，你必须问是为什么？是生产产品的成本增加了，还是竞争迫使你在成本不变的情况下降低了价格？或者，毛利率下降是因为客户结构发生了变化。你销售的产品越来越多，利润率却越来越低，高利润率的产品越来越少。这种趋势会加速吗？

在个人电脑发展初期，个人电脑行业的毛利率接近 38%。然后是激烈的价格竞争时代。个人电脑的价格大幅下跌，毛利率大幅下降，直至降到了 12%。为了生存，PC 制造商不得不通过外包来改变它们整个的商业模式。IBM 退出了这项业务，戴尔也私有化了，这减轻了股东要求其在战略转型的同时实现季度收益的压力。

资本收益率

或许你会简单地认为赚钱就是获取利润，但事实上，它意味着更多。

不管公司的规模如何，处于哪个行业，你都在使用自己或他人的钱实现成长。你会从银行贷款或者使用自己的储蓄，这些钱代表了你的投资。问题就在于你和贵公司是如何使用这些钱的？

为了阐明这一点，CEO 使用了一个简单的公式：

净收入 / 资本总额（你的钱和你借的钱，如果有的话）

= 资本收益率

得出来的数字就是资本收益率（return on invested capital，ROIC），也有人更偏好用 ROC 来表示，数字越大，资本的使用就越好。

大卫 · 特雷纳（David Trainer）是 New Constructs 公司的 CEO，这是一家在田纳西州纳什维尔的独立研究机构。特雷纳在博客上指出：公司对于资本的利用与其 CEO 有着非常密切的联系。

2016 年，《财富》杂志公布了其"50 大公司"榜单，该榜单基于与 CEO 的领导力和战略计划相关的一些客观指标（盈利能力、收入增长和股东回报）。特雷纳注意到：前 10 位 CEO 的 ROIC 都达到了两位数。

CEO	公司名称	代码	ROIC（%）
蒂姆·库克	苹果	AAPL	235
彭安杰	万事达	MA	118
安德鲁·威尔逊	美国艺电	EA	30
George Scangos	渤健	BIIB	30
拉里·佩吉	Alphabet	GOOGL	26
马克·帕克	耐克	NKE	25
霍华德·舒尔茨	星巴克	SBUX	21
史蒂夫·埃尔斯 & 蒙哥马利·莫兰	Chipotle	CMG	17
马克·扎克伯格	Facebook	FB	15
玛丽·狄龙	Ulta Salon	ULTA	12

有些人喜欢把这个概念叫作净资产收益率。计算方法与前面相似，只是这里使用的是由股东提供的资本，同时扣除了负债

净收入 / 股东权益（资产 – 负债）= 净资产收益率

或者也可以使用资产回报率的公式

净收入 / 总资产 = 资产回报率

当涉及衡量公司的健康状况时，一个好的 CEO 不会太在意准确性。她用资本收益率（或类似的衡量标准）来看待公司。今年的这个指标比去年和前年好吗？优于我们的竞争对手吗？它在它应该在的地方吗？是处在上升还是下降的趋势中？

我可以证明这类简单的计算不需要经过正规的商业培训也能掌握。许多年前，我带一群 MBA 学生去尼加拉瓜马那瓜附近的一个露天市场。那里的商人（几乎全是女人）出售各种商品，从菠萝到衬衫和项链。

我们来到一个用手推车卖衣服的妇女跟前。我问她哪来的钱支付她的货款。她说，她是以每月 2.5% 的利息借来的。一个学生做了简单的速算：2.5% 乘以 12 个月，年利率居然高达 30%。那个妇女纠正了他，因为通过利滚利，年利率实际上会达到 34%。

那她的利润率又是多少呢？只有 10% 左右。那么，我们不得不问，她每年的贷款利率高达 34%，她的生意不会陷入困境么？

在这位妇女看来，这个问题问得有些愚蠢，她对着空气划了几个圈。她的动作在告诉我们关键在于货物周转，即存货的周转。她的直觉告诉她，良好的收益率来自两个因素——利润率和周转率。卖出去一件 10 美元的衬衫，她只能得到 1 美元的利润。所以为了支付贷款的利息和重新进货，她必须每天不断地卖出她的货物。卖得越快，她就能积累越多的“10%”。

“周转率”描述的是货物周转的时间长度。让我们想象原材料经过工厂加工，成为产品，然后这些产品摆上货架，卖到客户手中，这就是一个周转。

让我们再想象一家杂货店。店主只收现金，所有的资产都以存货的形式存在，那么这家杂货店是每天都能够卖空它的货架、重新购入货物，还是需要一周的时间才能卖空货架呢？显然第 1 种情况比第 2 种有着更高的存货周转率。

对于很多公司而言，存货周转率是一个非常能说明问题的数字。

有些人用“存货周转次数”来描述存货周转率的概念。无论使用什么名词，其中所包含的意义是相同的，也就是一年中存货会周转几次。比如在沃尔玛，厕所用卫生纸的每年周转率是 360 次，这就意味着沃尔玛几乎每天都能卖出全部的存货。每天沃尔玛都能收回它用于采购厕所用卫生纸的钱，而且还能加上一定的利润。这实在是对货架空间和现金的极好利用。

不管资本以何种形式存在，计算资本周转率都很简单：在一段特定时间，比如一年，用其总销售收入除以总资本。如果你想算出存货周转率，就用总销量除以存货总量。但是让我们忘掉数学，牢记周转率这个**概念**。我们会问：从接到订单到将产品交付到客户手中需要多长时间？一家公司从收到原材料和零部件到完成产品要多长时间？货物必须经由公司到客户手中——越快越好。

在美国，一辆新轿车从工厂出货，最后到达消费者手中平均需要 72 天。在这期间，工厂用来购买这辆汽车零部件的钱就被套牢在这辆车上了。在消费者得到汽车并付款之前，制造商得不到这笔钱，更不能把它用在任何其他用途上。如果这辆车能早日到达客户手中，那么制造商沉淀在铁路、汽车、运载船上的货物中的资金就会少很多。这就是我强调加快周转速度的意思。

资本周转得越快，收益率就越高。事实上，资本收益率就是利润率乘以资本周转率。这是一个普遍的商业定理，可以简单表达如下：

资本收益率 = 利润率 × 资本周转率

也就是：$$R = M \times V$$

$R=M\times V$ 是一个非常有用的商业工具，一定要牢记。这个公式的结果 R 以百分数的形式表示，比如 8%、10% 或者 15%，是一个可以直接用来比较的简单数字。

理解周转率的意义

很多人都把注意力集中在利润率上，而忽视了周转率。其实，那些成功的 CEO 与许许多多其他管理人员的不同之处就在于：他们能够同时考虑利润率和周转率。这种双重关注就是理解商业运行的核心。

关注利润率很好，但还不够。那些获得提拔的最优秀的人，关注利润率的同时也关注周转率。

周转率对每个公司都非常重要。首先让我们来分析那些拥有大量“固定”资产（工厂、机器或楼房）的公司。以美国电话电报公司为例，它在电线、电缆、卫星和微波发射塔方面进行了大量投资。长途电话的价格由于需求的减少而下降（之前任何一个大学生在宿舍里都有固定电话），由于手机业务普及导致利润率也在下降（这在很大程度上要归功于激烈的竞争），提高资本收益率的唯一途径就是提高资本周转率。

要怎么做呢？必须专注于客户需求。通过了解客户对手机服务、互联网和电视的需求，提供相应的服务。

因此，在你磨炼商业技能的时候，请仔细思考资本收益率这个概念，以及利润率和周转率等要素。然后考察自己公司的资本收益率并问自己一些问题：在过去的几年中，收益率的状况变好还是变坏了？与你的竞争者比较如何？如果它变坏了，你能做些什么来改善呢？如果它变好了，问问你自己，哪家公司拥有最高的利润率、最高的周转率或者最高的资本收益率？你能从它们那里学到什么？

资本收益率一定要高于你使用自己的钱或别人的钱（银行家或股东的钱）所付出的成本（所谓的资本成本等），这是商业运作的真理。如果资本收益率低于资本成本率（一般在8%或更高），就会引起投资方的强烈不满，因为这时管理层正在损害股东的利益，使股东的财富遭受损失。有些公司的部分业务、分公司或生产线挣的钱还不足以支付资本成本，所以它们必须想办法，要么提高收益率，要么干脆撤销这部分业务。这就是为什么我们会经常看到很多CEO或事业部门主管人员决定要卖掉（剥离）一项业务或者中止某条生产线。他们总是希望尽可能有效地利用公司的资金。

你可以通过采取一些措施来提高收益率，形势还是会大不一样的。假设你在一家汽车公司工作，你会发现小型轿车业务的收益率有问题。事实上，全世界的汽车制造商在轿车业务上的资本收益率都要低于2%，低于资本成本率。该如何利用这部分业务来获取更高的收益率呢？如果你在一家软件公司工作，再考虑一下资本收益率的公式：

净收入 / 总资产（你 / 股东的钱 + 借的钱）= 资本收益率

由于分母很小，你能想到的任何增加利润（收益）的方法都会产生很大的影响。

真正深入理解现金净流入、利润率、周转率、资本收益率和收入增长背后的关系，可以为我们提供线索，让我们知道应该把注意力放在哪里，应该改变什么。

盈利性增长

盈利性增长对于公司的发展至关重要。每个人、每家公司乃至每个国家的经济都必须要增长。那么，你在为一家处于盈利性增长阶段的公司工作吗？它的利润会持续增长吗？

如果全公司或者你所在的部门业务落后于竞争者，你的个人发展也将会受到影响。你将失去晋升或继续发展的机会。高层管理人员将考虑削减费用、裁减员工。他们将停止研发和广告投入，一些优秀的员工将离开公司，最后公司会进入恶性循环，员工（包括你）也将为此蒙受重大损失。

要么增长，要么死亡！

在当今社会，世界每天都在前进，公司没有成长就意味着落后。你可以从大趋势或者单个公司的角度来看。让我们先谈谈宏观趋势。

最近，你有去过唱片店吗？减少观影次数吗？有使用付费电话吗？或者阅读一份午报（如果你住在新奥尔良这样的中小城市，你还能找到一份当地早报）？有买了一张印刷版的地图吗？有通过酒店的电话网络从你的房间拨打电话吗？有订了一套百科全书吗？有从 Blockbuster 这样的独立影碟店租电影吗？有利用旅行社预定常规的假期或商务旅行服务吗？有购买一个独立的 GPS 装置吗？

也许没有。实际上，所有过去提供这些服务的公司当下都在苦苦挣扎或已经破产。

一家看起来运作良好的公司在市场竞争中却可能落败。在不久前，霍尼韦尔（Honeywell）和联合技术公司（United Technologies）还被认为是旗鼓相当的，这并不奇怪。这两家公司在航空航天和建筑领域都拥有巨大的全球影响力。但是看看最近的股票图表。霍尼韦尔做得更好——利润率提高、并购整合成功、实现强劲增长。

仅仅“好”是不够的。联合技术公司落在了后面。

公司增长会带来一个心理效应，盈利性增长会激活一家公司。一家快速增长中的公司将吸引到更多有着新鲜的思想和才能的人。公司给他们提供施展才华的舞台，创造了很多新的发展机会。员工们喜欢听到客户说他们是最好的公司，以及将有更多的业务之类的话。他们想要成为公司的一部分，共同创造公司的未来。

这里有一个例子。2015 年，斯坦福大学的 MBA 中有 1/6 的人在毕业后创办了一家公司（很明显，在攻读学位期间，他们已经在为这个而努力）。如果他们不创办自己的公司，就会选择加入他人创办的创业公司。实际上，越来越多的顶级商学院毕业生加入了创业公司，一个关注 MBA 市场的网站 PoetsAndQuants 的创始人和主编约翰 · A. 伯恩（John A. Byrne）说“2015 年，哈佛商学院有 9% 的毕业生去了创办时间不超过 3 年的公司”。

到底那些公司的吸引力何在呢？那就是公司实现增长，以及增长所带来的机会和刺激。

业务在正确的轨道上增长

其实，盈利性增长从其本身来讲并不一定有什么好处。增长必须要能够带来盈利并可持续，盈利性增长必须要伴随着利润率和周转率的提高，现金净流入能力也要有所改善（参见专栏“如何以正确的方式增长”），我们用三个故事来帮助你理解这一点。

很多公司在规模较小时尝到了成功的喜悦，但是随着公司规模的增大却慢慢陷于困惑，不再关注那些能够实现盈利的基本要素。一个典型的案例是，某公司为餐馆提供服务，每安装一个装置将花费 2000 美元，但是公司会从每家餐馆每个月收到 100 美元作为公司提供的饮料的原料费。依靠这种方式，公司开创了一个有利可图的事业。

目前为止，一切都很好。但是购置装置所需的钱是借的，而且那些原料的利润非常低，根本不足以支付借钱的利息，然而公司当时已经被扩张的虚幻前景迷住了，CEO 不断扩张他的业务。公司很快就入不敷出了，并且最终导致破产。贷方认为公司需要换一个新的 CEO。

我们来看第 2 个案例。有些时候，公司高管会因为给了销售团队一些不恰当的激励而无意中鼓励了非盈利性增长。例如，一家销售收入为 1600 万美元的注模公司以销售人员卖出去的塑料封装的金额数为依据奖励他们，而不论公司在这些销售中是否盈利。当公司从两家大客户手中接到价值 400 万美元的新订单的时候，每个人都非常兴奋。但是在接下来的 3 年里，这两笔大订单只能带来微利，根本无法支付生产它的花费。

第 3 个故事将告诉我们，糟糕的增长可能以多种形式出现。

为了加快一个重要部门的盈利性增长，Global Building 公司引入了一个新的部门主管。他是母公司 CEO 的法定继承人，他的新任务是对他是否准备好担任最高职位的重大考验。

这位新任主管认为他可以通过降价来获得可观的市场份额。他起初很成功。在接下来的 3 个月里，该部门的销售额和市场份额都有所增长。

然而，竞争对手也做出了同样的反应，降低了自己的价格，因为在这个高固定成本的行业失去市场份额意味着现金收入和盈利能力的损失。最终的结果是什么？所有的降价都导致了行业收入和利润的缩水，这显然也影响了 Global Building 公司的整体业务。

在接下来的 12 个月里，母公司不得不 3 次下调盈利预期，而下一任部门主管花了两年时间才稳定了局面。

如何以正确的方式增长

随着时间的推移，公司的收入和利润都在不断增长。它们通过良好的业务增长来实现这一点。

什么是良好的增长？它是盈利的，有机的，差异化的，可持续的。让我们来具体看看这四个特性。

- **盈利的**。良好的增长不仅必须是盈利的，而且资本使用必须是高效的——也就是说，它需要通过把钱投到能够比超级安全的产品（如国库券）赚取更多的钱的业务上。

- **有机的**。最好的增长自然来自公司现有的业务。这不仅是有效的，而且还能锻炼组织的创造力。
- **差异化的**。你永远不想提供一种被视为“大路货”的产品或服务。如果你这样做，你将永远不会赚很多钱。
- **可持续的**。你不是在寻找收入的快速增长，而是要让这种增长能够持续。

盈利性增长本身并不等于成功

破产往往是公司误入歧途的扩张计划的可悲结局。

不要用规模来衡量成功。促进更多的销售不一定是好生意。你必须知道你如何才能实现盈利性增长，为什么要实现盈利性增长？你必须考虑你是否在以一种可以持续的方式增长。

看看你的资金怎么了。也许销售在增长，但现金状况却在恶化。后退一步，找出问题所在。是你们的利润率在下降吗？如果是这样，为什么？

但如果销售在增长，现金也在增长，你就可以有更多的选择。你，或者贵公司，可以用这笔资金开发一个新产品，或者收购另一家公司，或者进行扩张。也许你可以降低价格（不是打价格战），增加有盈利的产品的生产，这样才能增长得更快。

在别人无法实现的情况下，找到有盈利的增长机会是你需要学习的关键技能。

山姆·沃尔顿就是一个典型的例子。这位沃尔玛的创始人知道如何发展业务，即使他的同行认为这是不可能的。1975 年，西尔斯·罗巴克公司（Sears Roebuck）的 CEO 对我在西北大学的同学说，美国的零售业是一个成熟的、没有增长的行业。这就是他将业务分散到金融服务领域的原因。与此同时，沃尔顿在开设新店，保持着大大高于行业平均水平的资本收益率。

别的我就不多说了。沃尔玛在 2015 年的销售额达到 4857 亿美元，利润达 164 亿美元，而且在电子商务方面也越来越精通。很久以前就已经剥离金融服务的西尔斯依然在苦苦挣扎，2015 年连续第 11 个季度出现亏损。该公司 2015 年的销售收入为 250 亿美元，亏损超过 10 亿美元。

实现盈利性增长的机会可能并不明显，尤其是对大型老牌公司而言。但只要有了动力、坚韧和冒险的精神，你和你的同事就能发现它们。

在哪里能找到机会呢？像CEO一样思考，然后问：我们如何赚钱？我们能否在满足客户需求的同时实现盈利？端到端地分析你的业务。不管你做什么，业务都由两部分组成：

（1）贵公司为生产产品或提供服务所做的每一件事；

（2）所做的每一件事都是为了把产品或服务销售出去。

从这两部分中寻找机会。

盈利性增长矩阵

帮助你发现增长机会的最好方法之一就是填写下面这个“盈利性增长矩阵”。

画出下图：

盈利性增长矩阵

	老客户	新客户
新需求	B 老客户的新需求	C 新客户的新需求
老需求	A 老客户的老需求	D 新客户的老需求

考虑这四个象限可以激发增加盈利性收入的想法。让我们用一些例子来说明如何做到这一点。

在 Box A（老客户的老需求）中，你实际上是在试图通过重新定义你的谋生方式来扩大你的业务范围，使其更具有包容性，同时仍然忠实于你的核心业务。这就是在“Box A”中的零售商一直在做的事情。塔吉特等一般零售商试图从客户的钱包中分得更大的份额。家得宝和劳氏等家居建材连锁店会帮你联系承包商，让他们帮你安装你购买的家具。考虑 Box A 可以帮助你找到一个可以用你的核心竞争力提供服务的相邻的市场。

在 Box B（老客户的新需求）中，你将寻找你和你的竞争对手都没能解决的客户的问题。在这里你表现得像个人类学家。你正在观察你的客户（和潜在客户）的行为，以确定他们想要什么。这就是丰田在打造雷克萨斯时所做的。该公司注意到其传统客户的需求正在向高端转移，因此，它创造了一款比凯迪拉克更好、比梅赛德斯更有价值的汽车（也就是说，它的成本更低，但质量一样好），以满足客户不断变化的需求。

在 Box C（新客户的新需求）中，你就是在考虑进入一个新的行业。在你当前的策略遇到麻烦，或者市场的突然变化使你的旧策略过时的时候，这可能是你的首选。诺基亚曾经是手机销量最大的公司。但在 2014 年被微软收购后，该公司一直专注于向电信公司出售高端网络设备和软件。

雅芳是 Box D（新客户的老需求）的一个很好的例子。它发现了一个新客户群体——青少年，他们与它的传统客户群（20 多岁及以上的女性）有着同样的担忧。认识到这一新的客户群体后，雅芳开始利用现有的能力为他们提供服务——传统的雅芳女士、产品目录和网站。

正如你所看到的，盈利性增长矩阵是一个简单、有效的工具，试图发现新的机会。你只需要问四个问题：

- 我们如何能满足老客户的老需求？（Box A）
- 老客户的新需求是什么？（Box B）
- 我们应该满足新客户的新需求吗？（Box C）
- 我们如何向新客户销售老产品？（Box D）

第4章

从整体上认识公司

如果你和贵公司想要获得成功，你需要真正地认识公司。

现在让我们将上一章学到的知识应用到你的公司业务中。（毕竟，这是你的CEO最关心的事情——你对公司运作的了解程度。）

我们讨论过的赚钱要素（现金净流入、资本收益率、盈利性增长和客户需求）都是可以衡量的。但你不只是要记住怎么做。你真正要做的是：

A. 深刻理解一个盈利组织的四个关键要素。

B. 知道如何把它们结合起来，在脑海中形成一个画面，这样你就能知道任何一个组织（尤其是你的组织）做得怎么样。

一个真正的商人必须要掌握现金净流入、资本收益率、盈利性增长和客户需求之间的关系，以便对整个业务有一个直观的把握。

真正了解业务的人知道，如果公司不断提高生产率，利润率就会提高，现金就会产生。当利润率和周转率都提高了，你就有精力能更好地使客户感到满意，这样你就能获得更大的市场份额，贵公司也会更好地成长。

福特汽车公司的案例和戴维 · L. 刘易斯所著的《亨利 · 福特的公众形象》(*The Public Image of Henry Ford*) 都证实，这种观点一直是成立的。亨利 · 福特对于公司如何赚钱有着一种良好的直觉。通过熟悉了解客户，他不仅在制造技术上有着传奇的突破，还在 1909 ～ 1915 年每年降低那些有革命意义的车的价格。

亨利 · 福特似乎明白汽车的低价位和员工的高工资有着某种联系，都有利于赚钱。1914 年，福特宣布，公司工人的最低工资是 5 美元 / 天。这个薪酬调整非常之大——之前的标准是 2.34 美元，福特给的工资比其他汽车公司支付的工资高出一倍多。

高工资给了人们可用于购买汽车的资金。一个法国学者总结了这一点，写到一天 5 美元“使得每一个工人都成为潜在的客户”。更多的客户意味着更多的收入和利润，也就意味着有更多的空间来降价，而更低的价钱又让更多的人能买得起汽车，从而就进入了一个良性循环。

另一个故事也显示了亨利·福特的商业智慧。1916 年，拥有福特公司部分股份的道奇兄弟起诉福特，因为他们觉得应该得到更多的分红。在法庭受理的过程中，他们的律师对亨利·福特的经营方式提出了质疑。律师质疑道，如果福特先生继续坚持“以那么高的工资雇用大量的员工，继续降低汽车的售价，这样，大量的人都能以很低的价钱购买汽车，让每一个想要汽车的人都能拥有一辆汽车”这样的经营方式的话，公司的股东将如何受益。

福特先生非常欣赏这段对他的经营方式的描述。对这个心存恶意的问题他回答道：“如果真的如你所说的，那钱就会源源不断地流到我们手里，甚至想不要都不行。”

亨利·福特知道福特汽车公司有一套成功的法则：盈利的各个要素（现金净流入、资本收益率、盈利性增长还有客户需求以及它们之间的相互关系）将使得公司充满生机，并且不断赚钱。

亨利·福特在赚钱中体会到了快乐。如果你开始学着把商业的通用法则应用到公司中，你也可以体会到这种快乐和激动。

由此开始

首先，必须要知道赚钱的基础，然后努力感受它们是如何协同作用的。尝试着用一个街头小贩的眼光去看自己的公司。你知道很多有关公司的情况，比如，产品或服务的种类，拥有多少生产设施，你最大的客户和供应商是谁。在很多公司，这些都慢慢地成为一种常识。一个街头小贩也知道类似的事情，比如他的供应商就是那些给他供应水果的人。

但是接下来，街头小贩与在公司工作的大多数人的差别就开始凸显出来了。看看你能不能回答以下 6 个关于你公司的销售、利润率、周转率、现金净流入、资本收益率和市场份额的问题。为了便于跟踪，你可以填写下表。这个表格可以帮助你分析和思考你的生意是如何运作的。

公司	增长	降低	持平	原因
销售收入				
毛利率				
净利率[㊀]				
周转率				
资本收益率				
现金净流入				
市场份额				

㊀ 原书为 Not Profit Margin，疑有误。——译者注

让我们看一下下面这些问题。

- **贵公司过去 12 个月的销售收入是多少？**你们公司的业务在增长吗？你们的销售收入是增长、持平还是下降？趋势是什么？未来的增长将会怎样？只要是盈利性的增长，增长就是好的。这表明你在为客户服务。但这种增长足够好吗？你可以通过比较贵公司和你的竞争对手的增长率来回答这个问题。谁是最重要的客户？这种情况可能发生改变吗？
- **贵公司的毛利率是多少？**是提高、降低还是持平？在未来的几个月和几年里，它会发生怎样的变化？你们的毛利率与竞争对手相比如何？
- **贵公司的净利率增加了么？**利润率和销售增长之间的关系是什么？销售收入增加，但净利率越来越低可能是一个迹象，表明未来会有麻烦。你的客户组合是否在变化？你的产品组合是怎样的？净利率提高，或者降低的原因是什么？
- **贵公司的存货周转率是多少？**正如我们在第 3 章中讨论的，存货周转越快越好。产品卖得越快，你就能越快地释放现金（同时降低你被过时产品套住的风险）。无论这个数字是多少，它是在提高、持平还是下降？与你们的竞争对手相比如何？为什么？什么产品/服务卖得比别人快？你知道为什么吗？你能做什么来让行动缓慢的人改进？你有过时的存货吗？过时的存货的数量在减少，还是增加？

- **贵公司的资本收益率（ROIC）是多少？**如果知道了利润率和周转率，你就能用 $R=M\times V$ 来算出资本收益率。一旦你知道了这个数字，再将它与公司过去的业绩和竞争对手的业绩进行比较。资本收益率是提高、降低还是持平？你能做些什么来提高公司的业绩？
- **贵公司的现金净流入是增加了，还是减少了？**为什么增加？为什么减少？趋势是什么？与竞争对手相比怎么样？你能做些什么来改善它？
- **贵公司在竞争中市场份额是增加了，还是降低了？**从长期来看，市场规模往往会变得更大。贵公司的发展必须跟上市场的步伐，否则就会落后。正如我们所看到的，现在的员工对在一家成长中的公司工作更感兴趣。优秀的人才想要加入一家在行业中居于主导地位，并有能力重塑行业的公司。相反，没有人喜欢为一个只是在原地踏步，或者实际上是在倒退的组织工作。如果公司走错了路，最优秀的人往往会先离开——这只会让衰退加速。

你的答案是什么

如果你能回答出这些问题，就说明你正在使用商业的通用语言，正在得到有关你所在公司**整体经营**的全景图，这种思维与一个店主或小贩相似。正如你所见，获得这种语言和全景图并不需要很多数字。在这个问题上，你不需涉及过深。

假如贵公司是一个净现金流入者；相比竞争者，它的利润率非常高，但是与其他一些行业相比，还显得比较低，它的销售收入增长并不如你所期望的那么高，它的周转率比较低。这时候，你会怎么做？你会不会对于应该关注什么有更好的看法呢？你可能会去寻找方法来提高客户的满意度和生产率。你可能会去集中精力开发一种令人兴奋的新产品，然后努力使它尽快地投放市场。你也可能会付出特别的努力以确保大笔投资投放在那些正在增长的盈利性业务领域。

让我们再假设你正在为一个有中等利润的公司工作，它的存货周转率和资本收益率都非常高。公司正在增长，它的市场份额也在增长，但是相较于两个大的竞争对手，贵公司还很小。

增加的市场份额有利于贵公司与两个行业巨人抗衡。业务的整体图景如何帮助你集中注意力？你会寻找方法通过开发新产品或新服务来增加公司的市场份额吗？

如果你在一个上市公司工作，请去询问你的投资者关系部门，为回答这些关于销售、利润率、周转率等的问题找出必要的信息。这些数字现在在大多数公司的网站上也能找到。如果是上市公司，你可以从公司的年报中获得这些信息，可以直接从美国证券交易委员会的网站（www.sec.gov/edgar/searchedgar/webuscrs.htm）上在线获得。如果贵公司是上市公司，这些信息都不是保密的。你要向管理层表明你想要做的比本职岗位要求的更多，你想要帮助整个公司发展。

如果你在一家私人公司工作，和财务部门的人谈谈。在我与私营公司的合作中，我发现大多数管理层越来越愿意分享这些信息。员工们想知道他们工作的公司的业绩如何。如果管理层想要留住那些优秀的员工，则应告诉他们这些信息。

让管理层注意到你的渴望，他们可能会做出积极的反应，也许这本书会鼓励他们更多地分享财务信息。他们没有理由不这样做。公司的主要客户可能已经掌握了这些信息——公司，尤其是大公司，想要知道与它们交易的私营公司财务状况是否良好，而竞争对手可能也很好地掌握了这些数据。私营公司的管理层可能不会告诉你 CEO 的薪酬是多少，也不会告诉你其他一些需要保密的数据。但事实是，有关私营公司的财务信息已不像 15 年前那么保密了。

不论你是在上市公司还是在私营公司工作，也许你能说服老板，让他们相信商业的通用语言并不只属于那些高管人员。现金净流入、利润率、周转率、资本收益率、盈利性增长和客户应该成为每个人词典的一部分。应该提醒老板，如果让员工知道了公司是如何运作的，他们就能为公司做出更大的贡献，他们也将拥有更多的空间和机会来施展他们的商业智慧。

02

第二部分

现实世界中的商业智慧

WHAT THE CEO
WANTS YOU TO KNOW

第5章

现实世界错综复杂：抓住公司工作的优先事项

聚焦，聚焦，聚焦

现在你已经了解了街头小贩的世界、CEO 的世界以及两者之间是多么相似了。现在让我们来仔细看看 CEO 们。无论经营的是小型、中型还是大型公司，最好的 CEO 总是知道如何利用街头小贩的那种精明来减少他们业务的复杂性。他们利用自己的商业智慧（水果小贩更愿意叫它街头智慧）理清思路，抓住重点，卓越执行，在现实的商业世界中为股东或老板创造财富。

牢记业务基石，减少复杂性，设定正确的路径和优先事项。优秀的 CEO 会小心翼翼地定义三个优先事项，它们会结合起来影响公司的发展，影响公司想要实现的目标。CEO 将几乎所有的时间和注意力都放在那些需要优先考虑的事项上。他们还利用这些优先事项作为资源配置的指导方向。

为什么优先事项这么少？简而言之，专注。业务优先级定义了在给定条件下需要采取的最重要的行动。许多公司有太多的优先事项，因此，它们的重点被分散，组织最终受到损害。考虑到问题的复杂程度，选择正确的优先级是一项高强度的脑力活动。

每一家公司（无论是世界上最大的组织之一通用汽车这样的老牌传统公司，还是像拼车服务公司 Lyft 这样的新兴互联网公司）都有着巨大的复杂性。[一]

例如，通用汽车是全球最大的公司之一，收入为 1520 亿美元（截至 2015 年），员工达 21.6 万人。它每年在 37 个国家生产 1000 万辆汽车（约合每天生产 27 400 辆），旗下有 13 个品牌，包括雪佛兰、别克、GMC、凯迪拉克、霍顿、欧宝和沃克斯豪尔，产品销往世界各地。它在六大洲经营着 396 家工厂，每一家都面对不同的经济环境、货币、消费趋势、竞争动态和社会热点。这种复杂性还只是在宏观层面。最重要的是，想想一辆车可以有多少种不同的配置方式，从不同的颜色和门的数量到不同的内饰和配件。通用汽车在全球有几十个竞争对

[一] 有趣的是，正如我们始终所强调的，传统企业是如何适应新的经营方式的。通用汽车已经向 Lyft 投资了 5 亿美元，在本书出版之时，两家公司正在进行一个联合项目，在公共道路上测试由通用汽车制造的雪佛兰 Bolt 自动驾驶电动出租车。

手——不仅是其他汽车制造商，还有银行和信用合作社（竞争对手是通用汽车金融公司）。这些已经够多了吗？还不够，要再加上另外两个完全不可控制和不可预测的因素：汇率和利率的波动。这样你就会对通用汽车 CEO 玛丽 · 巴拉（Mary Barra）每天要处理的事情有一个大致的了解。

考虑到所有这些复杂性，巴拉需要为公司的日常工作排定优先级别。在某一时刻，它们的排序如下。

（1）考虑到汽车市场因拼车、自动驾驶汽车以及算法和人工智能的广泛使用而发生了根本性的变化，她需要重新计划，以利用这些技术，帮助公司更快地设计汽车，并为客户提供更好的服务。

（2）她需要找到合适的合作伙伴共同前进。（我们稍后在讨论 Lyft 案例时会讨论这个问题。）

（3）然后，她需要整合前两点对公司的日常运营方式进行重新设计。

相似地，Lyft 的 CEO 洛根 · 格林（Logan Green）在他的公司也面临同样复杂的问题。该公司的移动电话应用程序通过将需要搭车的乘客与有车的司机联系起来，为点对点拼车提供了便利。

想想这其中涉及什么。公司不仅需要设计一款应用程序，让人们可以在任何地方的任何移动设备上呼叫汽车，还需要为司机安装一款应用程序。两者需要协同。此外，你必须创建一个算法来跟踪某一时刻可用的所有司机，这个算法可以确定哪个司机最接近需要搭车的乘客。然后，你必须考虑所有的选择：乘客想要一辆普通的车、SUV 还是豪华轿车。她是否愿意和别人一起搭车？（如果愿意，你需要为同路的乘客配对。）这是公司用车还是私人用车？对于这些，你要有一个大概的想法。

此外，你还需要了解如何查找和审查司机，需要能够找到一种简单的方法了解司机过往的行车记录。最重要的是，管理层必须效仿其主要竞争对手优步（Uber）的做法，预测如果 Lyft 进入当地市场，监管机构会做何反应（出租车和豪华轿车公司可能是当地政客的主要赞助者，它们不想要额外的竞争，而且每个地区都有自己的规则），还要对不断变化的需求做出预测（例如，也许在某一时刻，乘客将希望呼叫无人驾驶汽车。因此才有了 Lyft 与通用汽车的合作项目）。

最好的 CEO 在做什么

卓越的首席执行官会运用他们的商业智慧来检验他们优先

考虑事项的逻辑，以及他们所选择的商业道路。当他们考虑公司的未来时，会重新审视基本要素，思考公司的盈利情况，这些要素包括客户、现金净流入、投资收益和收入增长。对基本要素的关注有助于他们发现任何缺陷，给他们信心，让他们相信自己正在朝着正确的方向前进。

这些还帮助他们发现赚钱的机会，利用现有的资源，并将其以不同的方式组合，以满足客户的需求。

以史蒂夫·乔布斯为例。回想一下个人电脑的发明，其关键组成部分（显示器、磁盘驱动器、鼠标、键盘、微处理器、软件和打印机）在 20 世纪 70 年代中期就已经有了，虽然种子都已播下，然而，当苹果在 1976 年推出首款电脑时，却让王安电脑和 Digital Equipment 等办公自动化巨头措手不及。

乔布斯和史蒂夫·沃兹尼亚克拥有的才能，使他们看到了利用一种能够给人们带来独立和自由的机器来赚钱的商机。没有任何风险投资，苹果公司第 1 个月就赚了钱，10 年内的销售收入达到 10 亿美元。如今，营收更是超过了 2000 亿美元，公司的净利润率平均为 20%。

把复杂性简化一下。CEO 需要考虑内部和外部因素，对于每一个变量（比如外汇、利率、政府监管和市场趋势）既要考虑目前的状况，也要对未来进行预测。看看全局，看看变量是怎么整合在一起的。假设你所希望的都能够实现，再考虑在这种情况下赚钱的基本原理是如何相互作用的。

假如你是一个管理四条产品线（洗涤用肥皂、餐具清洁剂、牙膏和家用清洁剂）的市场经理。你真的知道哪条产品线赚钱吗？哪条产品线赚钱最多？哪条产品线赚钱最少？哪条产品线在消耗现金？哪条产品线会增加现金？哪条产品线的市场波动最大？需求是否会波动，或者是否会受到激烈竞争和/或大规模折扣的影响？

你应该知道这些事情，就像街头小贩知道他的苹果和橘子的利润率？知道哪个卖得最多？这样你才可以准备好随时应对变化的市场条件。（当然，更好的办法是提前做出预测。）

如果你是一个工程师，负责设计一款新产品，这款新产品如何才能帮助公司赚钱呢？新产品能够满足客户需求并获得较高的利润吗？新产品具有客户需要的特征吗？新产品能比竞争对手更好地满足客户需要吗？新产品的生产是否需要新设备，是否会消耗更多现金？

如果新产品可以使用现有设备，就能够节约现金；如果新产品使用的投资能够产生更多的销售收入，就会有更多的回报。一个工程师可以通过思考这些问题来提高对商业实质的理解。

如果你是一名销售人员，每天向大客户销售产品，但是，客户很擅长砍价，他们希望打折多一点，付款周期长一点（比如 90 天，而不是一般的 45 天）。请试着运用你的商业智慧想想怎样在不用做出较大让步的情况下为他们创造价值。例如，像沃尔玛这样的客户，你就可以想办法提高产品的周转速度。产品销售越快，沃尔玛越快收回它的投资。如果你可以创造更快的周转速度，让沃尔玛从中获益，就不需要再提供额外的折扣了。这就是街头小贩的商业智慧，你正在使用街头小贩的商业智慧。

公司里的每个人都应该上一周的商业基础课，这样他们就能了解公司是如何赚钱的。

机遇来自你工作中面对的复杂性和波动性。运用商业智慧解决问题，就能够使你更有勇气去面对复杂性。许多公司领导者犹豫畏缩，是因为他们不堪重负，或者优柔寡断。有些领导者无法将工作排出优先次序，或者工作没有重点。如果 CEO 不能设定优先事项，也无法持续改变自己的思维模式，或者无法就自己的决策进行清晰有效的沟通，整个公司就将失去活力。

另一方面，如果领导者能够设定优先事项，并将其清晰有效地传达给他人，其他人就能更加明确应该如何去做。如果领导者选择了正确的优先事项，公司就会兴旺发达。

在有些情况下，CEO 能够通过兼并收购、编织故事来说服华尔街证券分析师，从而获得暂时的成功，这些 CEO 被称作交易商。他们只是在将资产进行排列组合。

我经常听到一些董事这样说："没错，他很了解华尔街的胃口，但是他真的能将这么大额的收购做好吗？能实现更高的增长和收益吗？"在许多情况下，关注兼并收购的人被专注于业务基础并遵循选择三个优先事项原则的领导所取代。

一位美国的制药公司 CEO 就是这样的例子。华尔街曾经盛赞他策划的对一家欧洲医药公司的成功收购，两家公司优势互补，兼并之后成为该行业全球市场的领导者。投资者对此十分高兴。但是没过多久，投资者就意识到，交易是一码事，商业智慧则是另一码事。这位 CEO 并没有为新公司设定明确的优先事项，所以合并后的公司中一些重复的活动和功能没有能尽快被消除，两家公司并没有产生真正的协同效应。人们所期望的好处（更高的销售额、更好的盈利能力以及降低的成本）都没有出现。董事会要求首席执行官辞职，以支持一位专注于赚钱的关键优先事项的领导者。

类似的情况层出不穷。

第6章

从赚钱到创造财富

贵公司的市盈率是把钱变成财富的关键。

一家上市公司的CEO（我将在稍后谈论私营公司）必须做的不仅仅是为他的公司赚钱。股东们（其中也包括获得股票或股票期权的公司员工）还希望CEO能够为他们创造更多**财富**。

最优秀的CEO知道赚钱和创造财富是通过市盈率倍数（price-earnings multiple，也可以称作“P/E值”或者“P/E率”，通常用“P/E”指代）来实现的。

其中P是每股股票的价格，E是每股股票的利润（每股收益），即公司为每股股票赚得了多少利润。

写成比率，它就是：

P（每股股票的价格）/*E*（每股股票的利润）= 市盈率

因此，如果一只股票的交易价格为 30 美元，而该公司去年的每股利润为 2 美元，那么它的市盈率为 15（30 除以 2）。你可以从你的财务部门，或从《华尔街日报》的股票版，或无数的金融网站得到这一确切数字。

公司的市盈率具有真正的乘数效应。它真的可以把钱变成财富。

这是重要的。P/E 值远不是简单的机械计算。如果 P/E 值是 15，就意味着如果每股股票的利润是 1 美元，那么它的股票价格就是 15 美元。显然，P/E 值越高，创造出来的财富也就越多。数字会变得非常大，增长也非常快。举个例子，星巴克就是一家实现了长期持续增长和利润增长的公司。在我写这篇文章的时候，它的市盈率是 36，这意味着它每赚 1 美元，就为股东（包括许多星巴克员工）创造了 36 美元的财富。

P/E 值显示了对一个公司目前和将来盈利能力的期望，涉及现金净流入、利润率、周转率、资本收益率和利润增长性等，可以与竞争者和将来情况做比较。通常，P/E 值是基于历史记录和投资者对管理者有能力维持盈利水平的信心。它并不存在于真空中。投资者关注一家公司的业绩，并将其与整个市场和竞争对手进行比较。

P/E 值在各行业之间（可从雅虎网站上查到）、各公司之间都是不同的，并且也会随着情况发生变化。当公司不能达到盈利目标时，P/E 值就会下跌，任何对于现金净流入率、利润率、周转率、资本收益率和利润增长性这些因素的预测出现不连续或者波动都将影响 P/E 值，投资者讨厌不确定性。另外，P/E 值能够通过公司盈利的一贯性和可预见性来得到提高，投资者都乐意看到 P/E 值的提升。

这也适用于私营公司

即使对于私营公司，这样的原则也同样适用。证券市场创造了良好的监督环境，私营公司也可以建立起自己的监督体系。每天都做出正确的决策就能够创造价值。要时刻牢记：私营公司通常要么被出售，要么公开上市，其价值同样体现在 P/E 值中。

这就有一个问题：P/E 值从何而来？上市公司的 P/E 值实际上是由市场决定的，主要是基于个人投资者和证券分析师的评估。证券分析师对于他们所关注的公司，心里会有一个合适的 P/E 值。[⊖]如果他们的评估表明某个公司的 P/E 值被低估了，

⊖ 试着去理解任何盈利预测的分析，你的会计部门应该能帮上忙。

他们就将购进该公司的股票。反之，如果他们认为某个公司目前的 P/E 值过高，他们会抛出该公司的股票。

如果两个证券分析师给出相反的建议，一点也不奇怪，因为他们的建议中包含了一定程度的推断。但这句话的关键词是“一定程度”。证券分析师们一般会按照某种原则将被分析的公司与同行业的其他公司进行比较，同时还会比较该行业和整个市场的情况。

一家公司的股价和市盈率倍数会随着证券分析师和投资者对公司价值的判断的变化而变化。

一个常见的比较是将单个公司与标准普尔 500 指数进行比较。标准普尔 500 指数是由 500 家美国公司组成的一个集合，它们代表了美国经济的各个领域。这样的比较很能说明问题。举个例子。

尽管 2016 年夏季标准普尔 500 指数的市盈率为 24，但多数主要石油公司的市盈率不到 12。这主要有两个原因。首先，世界范围内的产能正在增加，而需求却没有太大的变化，这就造成了石油的供过于求，进而导致油价下跌。其次，在过去，当没有重大的经济增长时，这个行业的表现非常令人失望，这是 2016 年夏天的情况。这种不确定性导致了较低的市盈率。

正如在本章之前所讲，同一行业内不同公司的 P/E 值也可能相差很大。这种差异对吸引有才能的员工大有帮助。人们希望成为快速增长、令人兴奋的公司的一部分。

让我告诉你一个我认识的“千禧一代”青年。大学一毕业，布莱恩就加入了世界上最大的零售商之一，是美国的《财富》200 强之一。(大学期间，他曾在他们的一家商店工作过，这无疑有助于他得到这份工作。) 虽然布莱恩是州立大学心理学专业的学生，但公司在面试过程中发现，他对数字有着敏锐的洞察，既聪明又外向。他们给他打上“高潜力”的标签，并安排他接受公司严格的 18 个月的培训项目，培训的对象是新招聘的年轻人，公司认为这些人可以成为公司未来的领导者。

布莱恩在这个项目中如鱼得水，他发现自己喜欢了解公司是如何赚钱的。培训结束后，他要求在公司的财务部门工作。

在接下来的 11 年里，他一直在这家零售公司工作，在财务部门步步高升，后来接受了横向调任，负责零售业务，以便学习销售规划。34 岁的时候，他发现自己要决定公司最大的部门之一应该从哪里采购服装，以什么价格采购。

虽然布莱恩的事业进展顺利，但他发现自己越来越沮丧。因为他仍然被认为是一个“高潜力”的高管，所以他被邀请参加公司最高层的会议 (坐在会议室的后排)。他无法相信他老板的老板要花那么长的时间才能做出决定。他很沮丧，因为他们很少向像他这样每天与供应商直接打交道的人询问有关市场趋势和动态的信息。

布莱恩知道有这种感觉的人不止他一个。公司里明显缺乏活力。在与他的同行交谈时，他发现他们也认为自己不能尽其所能。

几年来，偶尔会有猎头打来电话。虽然总是说不感兴趣，但布莱恩还是保留了猎头的电话号码。有一天，他给自己喜欢的一家公司打电话，说："我不一定要跳槽，但如果你听说有一家快速发展的公司需要我这样的人才，我很乐意与你谈谈。"

4 个月后，他加入了一家年销售利润率增幅达 30% 的体育健身零售商，担任其产品的全球采购主管。促使他跳槽的并不是加薪，而是一个机会，可以参与到一个正在成长、令人兴奋、挤满了迫不及待要工作的人的公司中。布莱恩的工资有所下降，但薪酬与他为股东创造的价值挂钩。布莱恩有机会以 15% 的折扣购买公司的股票，并可以在加入公司 1 周年时获得股票期权。华尔街也对该公司感到兴奋，该公司的市盈率高达 30，较股市整体溢价 50%。

布莱恩说："我现在正全力以赴地工作。我无法告诉你，曾经有多少次，看到我所做的决策与公司的成长有直接的联系，是多么令人兴奋的事情。”

管理 P/E

高 P/E 值能为股东创造更多财富，拥有商业智慧的 CEO 深深懂得这一点。同时，这一点对盈利模式也是非常重要的。如果盈利模式是正确的，公司就能赚钱。如果盈利模式是正确的，公司又能够坚持下去，公司的利润和 P/E 值都会上涨。

一个上市公司如果能够在不降低周转率的情况下使其销售收入和利润都得到增长，其 P/E 值就会提高；如果周转率也能提高，那就更好了。正如我们所看到的，周转率的提高会给你带来更高的资本收益率，这是分析师和投资者都关注的事情之一。高周转率也降低了库存积压而无法销售的风险。P/E 值越高，股东财富增加得越快。

如果公司没有能够实现每股盈利目标，哪怕只是差一两分钱，会出现什么情况呢？华尔街的惩罚可能很严厉。

想想 2016 年春天的某一天发生了什么。当天股市收盘后，谷歌的母公司 Alphabet 报告称，在刚刚结束的这个季度，其销售收入为 203 亿美元，与股票分析师的预期相符。但每股 7.50 美元的收益比分析师此前预测的 7.96 美元低了约 6%。第 2 天，

Alphabet 的股价下跌了 5.3%，总市值减少了 274 亿美元。[一]

当天微软的情况更为极端。它实现了预期的季度销售收入（220 亿美元），但它的每股收益比预期低了 2 美分。（分析师此前预计该公司每股收益为 0.64 美元。实际为 0.62 美元。）该股因此下跌了 7%，市值缩水 314 亿美元。[二]

为什么股市会出现这种反应？

如果一个公司没有完成预期的目标或盈利增速不如预期，投资者就会对该公司的运行情况产生疑问，怀疑该公司能否继续完成其订单任务。这样不只股票价格会下跌，P/E 值也会下降。

如果利润降低是暂时的事情，股价就会反弹。但如果利润降低只是一个开始，情况会变得更糟。但是，这不只是 CEO 的问题。如果 P/E 值下跌了，整个公司也就变得脆弱。一方面，其收购其他公司的能力被严重地削弱；另一方面，由于自己没

[一] 这个数字是这样产生的。在华尔街的专业人士判断一家上市公司的价值时，他们将该公司的股价乘以流通股。这个数字就是公司的总市值。2016 年 4 月 22 日，谷歌母公司 Alphabet 的股票收盘价是 718.77 美元。前一天，它在 6 点闭市时股价是 759.14 美元，下跌了 40.37 美元，跌幅 5.3%。该公司拥有 6.865 亿股股票。当你用流通股乘以每股 40.37 美元的跌幅，可以算出谷歌的市值减少了 274 亿美元。

[二] 计算微软的损失和计算 Alphabet 的损失一样。微软的股价 4 月 22 日收于 51.78 美元，比前一天少了大约 4 美元，该公司拥有 78 亿流通股，因此，总市值减少约 314 亿美元。

有发展起来，反而易成为其他快速发展公司的收购目标。

如同其他行业一样，投资银行家们也有一条产品线，即兼并收购。若某一家公司在投资银行家眼中是一家经营不善的公司，则投资银行家就会说服另一家公司将其作为收购目标，并且乐意着手改善其经营状况以提高绩效。不论什么方式，总之，这家公司极可能成为收购目标。

事实上，同一家公司可能会发生多次收购，这里有一个例子。

20 世纪 90 年代中期，世界上最大、最知名的电线接线器生产商 AMP 公司经历了一系列的成功。该公司在其行业中占据统治地位，产品在几个高速发展的新兴行业中有着不错的销量，包括通信和计算机等行业。但是，AMP 公司没有认识到公司盈利的最基本要素，利润率、盈利性增长率和资金周转率都在不断下降。结果是其股价和 P/E 值不断下跌，1998 年，AMP 公司被泰科公司（Tyco）成功收购。

泰科着手解决潜在问题。公司用了一年的时间将成本降低了 10 亿美元，同时提高了公司的利润率和资金周转率，使被收购的 AMP 品牌走上了盈利性增长的轨道。此次收购的结果是，泰科的 P/E 值和股票价格都上涨了。

但后来泰科陷入了困境。2002 年，公司收入达到近 250

亿美元，但亏损超过90亿美元。该公司董事长兼首席执行官L.丹尼斯·科兹洛夫斯基（L. Dennis Kozlowski）及其高级管理团队的不当行为引发了大规模丑闻，令情况变得更加糟糕。

摩托罗拉前总裁兼首席运营官爱德华·D.布林（Edward D. Breen）被任命为泰科公司新任总裁兼CEO。布林撤换了现有的董事会和科兹洛夫斯基的领导团队。任命一个月后，泰科宣布任命杜邦前CEO约翰·克罗尔（John Krol）为董事会主席。董事会稳定了公司，并聘请了汤姆·林奇（Tom Lynch）这样的人来管理AMP公司，公司更名为泰科电子（Tyco Electronics）。林奇的主要任务是剥离出泰科电子，令其准备好独立上市。

第一步是确定公司的目标：为汽车、数据通信系统、航空航天、国防和消费电子等多个行业设计和制造连接与传感器解决方案。林奇出售了价值约20亿美元的不符合这一目标的业务。

2007年6月，泰科电子上市，林奇努力使其成为一家纯粹的科技公司，解除了与政府的合同，提高了生产率，并在中国开设了制造工厂。

2011年，该公司更名为TE Connectivity，以反映公司的专注和成功。

2015 年，TE Connectivity 年销售额超过 120 亿美元，利润达 24 亿美元。股价也涨至 2007 年时的 2 倍。

如何保持独立

当兼并收购发生在 AMP 这样的公司时，由于协同效应，财务结果非常引人注目。合并后的公司可以减少原来两个公司重复的销售设施、销售人员和财务部门人员等，这种优势互补至少在一段时间内能够降低成本，因为通常来说，人员成本在公司中非常高。因此，并购对于收购者是一种胜利，而被收购者，却要面临裁员的痛苦。

清楚公司的 P/E 值是多少，以及该 P/E 值与竞争对手、标准普尔 500 中公司的 P/E 值相比如何？公司是否在致力于一种可持续的、可预期的、能够带来盈利的增长？是否有足够的现金来源？是否有不断增加的利润和资金周转率？资本收益率是否稳定？所有的这些是不是都比自己的竞争对手强？是不是在不断提高？如果这些问题的答案是肯定的话，说明公司运营状况良好。在以后的商业活动中就可以采用相应的攻势战略，寻找收购的对象。这样可以留住原来公司中的优秀人才并且吸引公司外部的优秀人才，因为作为一个蓬勃发展的公司中的一员总会让人备感自豪。

另外一种情况是要考虑自己的公司是不是长期业绩不佳，无法实现持续盈利？公司的 P/E 值是不是因此相对于竞争对手和标准普尔 500 中的公司开始下降？老板和同事是不是已经开始有些惊慌失措？他们是在面对现实还是仍然在逃避？

也可能公司的 P/E 值比竞争对手要高很多，但比起其他行业的公司却低很多。这就表明人们认为该行业没有多少发展空间了。你的公司能挑战这种无增长的假设吗？

Netflix 公司正在这样做，并在这个过程中彻底改变了电视的观看方式。

直到最近，让电视节目播出的唯一方法是向有限电视网高管推销，如果他们感兴趣，就拍摄试播节目。如果试播成功，有线电视网将承诺会安排时段播出，但能获得这种殊荣的节目为数不多，同时有线电视网会坚持“让我们看看他们做得如何，然后我们再考虑第二季”。不足为奇的是，那些推销这些节目的人讨厌这种安排。

Netflix 的选择有些不同。它们承诺购买一系列的电视剧——而且通常会与创作者签订两年的合约。

另外，它们还有后续。好莱坞一直在向明星们支付巨额片酬——想想汤姆 · 克鲁斯那票房收入非常低的《大开眼界》

或《刺杀希特勒》吧，现在好莱坞开始采取减少预付工资、以部分利润（如果有的话）付酬的方式。虽然丹尼尔・克雷格（Daniel Craig）凭借《007：幽灵党》获得了总计高达 4000 万美元的片酬，但大多数演员都为此损失不少。如果电影表现不佳，他们的收入就会比过去少。相比之下，Netflix 公司给它的明星们提供了巨额的片酬。它有能力做到这一点，因为公司的分析非常善于预测用户会喜欢哪些项目——同样重要的是，它能够确定哪些项目是吸引更多用户注册 Netflix 公司服务的诱因。

Netflix 通过流媒体提供内容，可以实现迅速扩张。10 年后，它的服务遍布于世界各地。

结果呢？创立于 1997 年的 Netflix，目前以 68 亿美元的收入和 1.23 亿美元的利润排在《财富》500 强的第 379 位。如今，Netflix 播出的节目占美国所有电视节目的 6%，预计 5 年内这一数字将增长一倍以上。2016 年年底，Netflix 宣布其拥有 8900 万用户，比上一年增加了 1900 万。

关键是你要以不同的方式思考。扩大你对消费者需求的定义，寻找一个更好的方式来实现现有的交付。要做到这一点，其中一个方法就是重塑你看待世界的方式。不要再往回看了，想想未来会发生什么吧。

星巴克案例

让我们重申赚钱和创造财富之间的关系。最优秀的 CEO 不断改善赚钱的基本要素。投资界倾向于奖励那些 CEO 和拥有更高的 P/E 值的公司，它们为股东创造了巨大的财富，为员工创造了工作保障和成长机会，为那些拥有股票期权的人创造了财富。

以星巴克为例，它将股票作为员工薪酬的一部分。它在为股东创造财富方面有着惊人的记录。它这样做的原因是它确切地知道自己是什么，需要做些什么。

在走到这一步之前，星巴克也曾有过惨痛的教训。1987 ～ 2000 年，前任 CEO 霍华德 · 舒尔茨离开后，星巴克迷失了方向。在 2007 年给继任者的一份备忘录中，舒尔茨总结当时做错了什么。也许其标题最能说明问题，在他的备忘录中，舒尔茨写下“星巴克体验的商品化”。

我来分享其中的一些内容。你会发现，星巴克的注意力几乎完全聚焦在业务的一个基本原理上：关注客户，给他们最好的体验。事实上，你将会看到，舒尔茨自始至终都在使用“体验”这个词。你将会看到，他明白要成功地做好这一点是多么困难。

在过去的十年里，为了实现盈利性增长以推动公司的发展、扩大公司规模，我们的门店数量需要从不到 1000 家店增加到

13 000 家，我们不得不做出一系列的决策。现在回想起来，正是这些导致星巴克体验的淡化，有些人可能会称之为“星巴克品牌的商品化”。

这些决策中有许多在当时看来可能是正确的，就其本身的价值而言，不会造成消费者体验的稀释，但这些决策的累积带来的问题要比单个决策大得多。例如，当我们使用自动咖啡机时，我们解决了服务速度和效率方面的主要问题。但同时，我们忽略了这样一个事实，即我们将大部分的浪漫和戏剧色彩从服务中剔除了，要知道，我们可是在用 La Marzocco[㊀]。使用自动咖啡机的决策变得更加具有破坏性，因为这些机器太高了，常常挡住客户的视线。以前，客户在等候时可以观看饮料的制作过程，还可以与咖啡师进行互动。

但每个北美城市和国际市场对新鲜烘焙咖啡的需求，促使我们选择了自动咖啡机，也促使我们决定使用新鲜的烤袋装咖啡，但代价是什么呢？失去芳香——而芳香也许是我们商店里最有力的非言语信号。以前我们的员工会从咖啡桶里舀出新鲜的咖啡豆，在客户面前把它磨成粉末，改变让我们的店再次失去了传统和我们的特色。

㊀ 意大利知名品牌咖啡机。——译者注

每次我们为股东增加价值，其实也是在为员工增加价值。

——霍华德·舒尔茨

此外，我们改变了店面的设计风格。显然，我们必须精简店面设计，以提高规模效益，并确保我们的投资回报率能够满足我们的财务要求。然而，结果之一是商店不再有过去的灵魂。有些人甚至把我们的店称为“乏味的”“千篇一律的”，不再能反映出企业的合伙人对咖啡的热情。事实上，我不确定那时的人们是否知道我们在烘焙咖啡。我们店里的一切都没能传达出这个信息。

我们痛定思痛，意识到是时候回到初心了，我们要做出必要的改变，继续之前的传统和特色，唤起我们所有人对真正星巴克体验的热情。

虽然目前的情况在很大程度上并不是源自外部的压力，但它已经导致了所有类型的竞争对手，包括大大小小的咖啡公司、快餐运营商、妈妈和爸爸们通过与曾经是星巴克客户才能体验到的意识、尝试和忠诚度相比，为自己寻找一种生活方式。

星巴克高估了最后一点。2007年，星巴克的股价下跌了50%，这在很大程度上是由于麦当劳和唐恩都乐这两家连锁公司以提供优质咖啡而侵入该市场。

舒尔茨于2008年再次出任CEO，并让公司重回正轨，股东也从中受益。在2006年6月30日至2016年6月30日的十年间，星巴克的股价差不多是之前的3倍：从每股18.99美元涨到57.12美元，年增长率为11.6%，P/E值比十年前高出40%。

星巴克始终如一地交付成果，并有切实可行的计划，在未来也会继续这样做。当投资者看到多年来的这种一致性时，他们开始认为这种情况将继续下去。截至2016年6月30日，星巴克的P/E值为36，而标准普尔500指数的这一指标仅为23。

2016年12月，舒尔茨宣布他将再次辞去CEO一职，专注于组织发展和培养公司的“超高端零售模式”。接替他的是公司的首席运营官凯文·约翰逊（Kevin Johnson）。一个月后，三位从山姆俱乐部、微软和乐高请来的高管被提名为董事会成员。看看这只股票未来会有什么变化是很有趣的。

你可以做些什么

在这个数字时代，劳动力市场上有1/3都是千禧一代，他们思维活跃，可以通过关注客户和客户体验来提高利润和现金净流入。例如，不妨想想如何找出一种方法让你的产品更快地到达客户手中？如果由你来做，考虑一下这对赚钱和市盈率的影响。

重新思考传统的商业运作方式也能带来新的增长机会。

每个员工都有机会运用他们的商业智慧。记住，股东并不是唯一从这种财富创造中受益的人。员工也会从赚取更多收入、实现更大增长的机会中受益，并避免随着因公司业绩不佳导致的外部变化带来的不确定性。

第 7 章

整合运营：亚马逊公司是如何赚钱的

至此，你已经了解了决定组织成功的几件事情，无论你是为企业工作，还是为非营利组织 / 政府机构工作。你也知道了经营水果摊和《财富》500 强公司的基本原理是一样的。每个组织都必须：有效地管理现金，明智地使用资产，持续改进和成长，服务于客户，只是复杂性有所不同。虽然水果摊与《财富》500 强公司（2016 年榜单上排名第 500 位的公司 Burlington Stores 收入超过 50 亿美元）相比，规模要小得多，但经营的基本原理是一样的。

尽管我们已经讨论了很多关于街头小贩和 CEO 如何经营他们的公司的问题，但如果你回顾一下，会发现我们把绝大多数时间都花在了下面几个地方。这是设计好的，我们只是想把时间花在能够让公司兴旺发达的关键事情上：

（1）使客户感到满意；

（2）产生现金净流入；

（3）实现较好的资本收益率；

（4）实现盈利性增长。

以上这几点都有量化的标准。但是对于如何得到你想要的数字，可能会令人生畏，人们常常告诉我他们很难找到合适的数字，尤其是公司报告一切进展顺利时。

这并不奇怪。为了迎合相当复杂的公司用来编制财务报表的通用标准和程序——一般公认会计原则（GAAP）和各种联邦报告规定，公司会计算出大量的数字。例如，麦当劳这样一家业务相对简单的公司，其最新的财务报告长达 28 页（总结部分又增加了 3 页）。

事实上，你不需要理解每一行、每个数字或每个脚注。要想了解一家公司的经营状况，你通常只需要看懂三组简单的数字。

- 公司的**损益表**，它汇总了收入和成本。
- **资产负债表**是对公司资产、负债和股东权益的总结。它的英文之所以为“a balance sheet”[㊀]，因为资产必须总是

㊀ 直译为“平衡表”。——译者注

等于负债加上股东权益，也就是说，它必须平衡。这很正常，因为股东权益只不过是资产减去负债。

- **现金流量表**，它记录流入和流出公司的现金数量。人们通常称之为现金流。正如我前面所说，我更愿意把它看作“现金净流入”，本质上是相同的概念。

虽然这些陈述可以很详细，但你总共只需要关注其中的十几行。我们接下来就会讲到。在此之前，我想强调一下，下面的讨论对两类人群特别重要。第一，千禧一代。如果他们理解下面讨论的内容，他们很快就会成为商业领袖（引领未来几十年的商业发展）。

第二，销售人员，尤其是那些向其他公司销售产品的人，B2B 销售的本质正在改变。今天，如果你是 B2B 销售人员，你不是在销售产品，而是销售一个能为客户创造价值的东西。知道客户看重什么，是业务高效运营的基础。公司想要以客户为中心，照顾好客户；向客户出售更多产品；希望能够提高利润率，明智地使用资本（例如，通过减少库存）。作为一名销售人员，你必须证明你的产品或服务可以帮助这些公司达成目标。

如果你能向客户展示你的产品能为他们创造更多的价值，你就能实现更多的销售。如果你能向自己的公司表明，你知道

怎样能为公司创造更多价值，你就会得到晋升。

好了，再来看看我提到的那些因素。我将以亚马逊公司为例，因为大多数人都了解这家公司及其所经营的业务。

接下来，我们将会关注亚马逊5年来的数据——当这本书出版的时候，过去3年是按时间顺序排列的，接下来2年是估计的。这些估计来自哪里？在这个案例中，来自投资研究和管理公司 Sanford C. Bernstein 的证券分析师阿里·迪巴迪（Ali Dibadj）和卡洛斯·基里纳（Carlos Kirjner）。（显然，研究得越好（这两个人做的研究非常好），预测的结果可能就越好。）

有了这些背景知识，我们来看看亚马逊的财务报表。我们从一个简化的损益表开始[㊀]。首先看收入，你可以看到它一直在快速增长，预计还将继续增长。

亚马逊公司的利润表

	2013	2014	2015	2016	2017
收入[①]	74.3	88.9	107.0	136.7	165.8
销货成本	54.1	62.7	71.6	86.9	103.3
毛利润	20.2	26.2	35.3	49.7	65.5

㊀ 我已经把你将要看到的三个表中的不同的行去掉了，让讨论更容易进行。你可以从网络上找到亚马逊公司的年度损益表、资产负债表和现金流量表。我会把你关注的数字包括进去，你要看到的所有数字都经过四舍五入了。

（续）

	2013	2014	2015	2016	2017
毛利率（%）	27.2	29.5	33	36.4	39.1
运营费用					
技术和内容开支	6.5	9.2	12.5	17.1	22.6
营销费用	3.1	4.3	5.2	7.3	9.6
一般管理费用	1.1	1.6	1.7	2.2	2.8
净利润	0.273	−0.241	0.6	2..8	5.6

①除非另有说明，所有数字的单位均为 10 亿美元。

为什么损益表中的数字如此重要？回想一下我们在第 2 章和第 3 章的讨论，当时我们讨论的是 CEO 希望你关注什么。还记得第一个是什么吗？客户。为什么？因为如果你没有客户，你就没有生意。

快速增长的收入表明亚马逊 CEO 杰夫 · 贝佐斯对客户的持续聚焦（他总是督促员工让亚马逊更快、更便宜、更便于客户使用）带来了持续的回报。客户一键下单，当天即可送达（在某些情况下），客户喜欢亚马逊的金牌会员（Prime）服务：独家的电影和电视节目、没有广告的音乐、无限的照片存储空间以及两日内即达的免费快递。丰富的选择、优惠的价格和购买的便利是推动销售收入持续增长的关键因素。

我们再来看损益表中的毛利率。毛利率的计算分为两步。第一步，收入减去成本（在表格中，分析师将其称为销货成本）。第二步，将这个数字除以收入。公式我们之前在第 3 章中见过：

$$（收入-销货成本）/ 收入 = 毛利率$$

亚马逊的毛利率正在稳步增长。现在让我们来理解这个简单数字背后的原理。

亚马逊正逐步转向生活用品销售，这是一个竞争激烈的行业，肯定需要进一步巩固与客户的关系，但这可能会降低利润率。是什么使分析师们对于这一点并没有太过担心，反而预测其毛利率会大幅提高呢？我猜是亚马逊金牌会员的销量占比更大。Bcrnstcin 估计，全球有 5800 万～ 6900 万金牌会员，他们在 2015 年为得到这一资格平均支付了 86 美元。这相当于增加了 50 亿～ 60 亿美元的收入。Bernstein 补充道：我们得出的结论是，新增的金牌会员除会员费之外，每年还会为亚马逊带来 115 美元的利润。销售自有品牌商品或亚马逊贴牌商品，也可能提高利润率。

亚马逊的利润率的降低只是暂时的，只要公司增长得越快，公司产生的现金流就越多，足以抵消利润率的降低带来的影响。

压上你的赌注

在亚马逊的案例中，一个值得关注的数字是它在技术上的投资。显然，这是未来零售业之战的方向，因为每家公司都试图找到最快捷、最省钱的方式把商品送到客户手中。标准普尔资本 IQ（S&P Capital IQ）的数据显示，2016 年，美国零售总额中只有约 8% 是通过电子商务交易完成的，但这一数字正以每年 10% 的速度增长，远远快于整个零售业的增长速度。[7] 因此，如果你是一个零售商，你需要把技术支出放在首位，就像今天的亚马逊一样，而且预计今后还需要继续这样做。

亚马逊是一家技术公司——技术从你订购你想要的产品的平台到仓库的自动化，无处不在。它现在是零售业的谷歌。它在技术上的投资反映了这一点。

每家公司都有一两个决策其未来成功与否的驱动因素。你希望看到的是，公司投资的是能保持竞争力的东西——希望是比竞争者更强的东西，不能为了赚取更多的利润而削减这些关键支出。（当我们讨论亚马逊的利润时，你会看到，该公司对赚取巨额利润并不是特别感兴趣；它将大部分利润投入于实现盈利性增长。）

亚马逊最大的竞争对手沃尔玛已经注意到了这一点。2016 年，它斥资 33 亿美元收购了 Jet.com。在此之前，Jet.com 曾在2015年年底宣布，将在未来24个月内再投资20亿美元升级技术。

少即是多

你所认为的理想的公司应该是：每年都有与上年相同或更多的支出花在影响公司实现盈利性增长的关键领域，对于一般管理费用有严格的要求（包括总部和仓库的运行成本，向公司的会计师和律师支付的费用），并确保遵守所有政府规定。在一些公司，一般管理费用可能高达总收入的20%。正如损益表所示，在亚马逊，这一数字只有1.6%。这进一步表明了该公司正专注于真正重要的事情——在这种情况下，保持较低的管理费用，以便有更多的钱投资于满足客户需求。

此外，你还需要分析销售和市场营销费用。如果是亚马逊这样的消费产品公司，你需要能接触到消费者，这意味着必须在营销上花钱。

当你分析一个公司花了多少钱来触达用户时，你需要确保它是足够的——最简单的方法就是和公司的竞争对手来做比较，确保这个比例不会每年改变。如果市场营销对于实现公司今天的成功很重要，那么这个会一直延续下去。亚马逊的损益表清楚地显示，随着公司的发展，营销支出在稳步增长。

这给公司带来了利润的增长。正如你所看到的，利润并不是杰夫・贝佐斯真正关心的东西。他关心的是每股股票对应的现金。为什么利润这么低？因为他在招聘顶尖的软件工程师和计算机科学家等人才。这些专家将构建公司的未来，我们可以将他们的高薪看作一种投资，但出于会计的目的，他们的工资必须作为一种支出，因此，公司的利润较低。当你翻开资产负债表看应收账款和应付账款时，你会看到同样的情况。

亚马逊的资产负债表（单位：10 亿美元）

	2013	2014	2015	2016	2017
资产					
现金，现金等价物和有价证券	12.4	17.4	19.6	25.1	34.9
应收账款	4.1	4.7	6.5	7.1	8.7
总资产	40.1	54.5	65.4	81.2	103
负债					
应付账款	15.1	16.4	20.4	24.5	30.3
长期债务	7.4	15.6	16.1	21	24.3
总负债	30.4	43.7	52	61.6	73.6
股东权益	9.7	10.7	13.3	19.5	29.3

应收账款是外面欠公司的钱。应付账款是公司所欠的款项。从表格中可以看出，有些年份出现了错配，即应付账款大于应收账款。公司有相对较小的应收账款，因为客户会立即为他们

订购的东西付款。但是亚马逊已经和它的供应商谈妥了采购条件，供应商给了亚马逊很长时间来付款，比如说 72 天。这意味着，作为一个亚马逊的客户，你在下单的第 1 天就为你的商品付款了。但亚马逊对这笔现金的使用期限为 71 天，直到它将这笔现金支付给供应商。下面的现金流量表体现了这种商业模式的优点：亚马逊业务增长得越多，产生的现金就越多。

亚马逊的现金流量表

	2013	2014	2015	2016	2017
现金净增减额	8.6	14.5	15.9	21.7	31.6

最后，我们来看一下资产负债表上的现金和股东权益。这两项数据都表明，亚马逊的状况良好。由于资产大于负债，股东权益（也就是我们所说的资产减去负债）正在上升，这是好事。毕竟，股东权益是公司净值的简写形式，也就是说，如果公司出售所有资产，偿还所有债务，股东权益将返还给投资者。

这让我们想到了街头小贩最关注的一件事：手头的现金。在亚马逊这样的公司，情况要比一口袋 20 美元的钞票复杂一点。从资产负债表的描述可以看出，亚马逊“手头的现金”包括“现金等价物”，即美国国库券、银行存单、货币市场基金和有价证券（债券和普通股）。

我们学到了什么

想要更好地了解亚马逊或其他公司的财务状况，有几个关键的数据就够了。

就像医生通过测量你的脉搏、血压和体重来帮助诊断你的健康状况一样，一个组织的财务状况可以帮助你诊断贵公司或其他任何公司的健康状况。

你可以看到，亚马逊一直在关注商业的基本要素，数据显示，它正在服务客户，实现盈利性增长，并明智地使用资金。事实上，这就像是一台自动提款机。如果它的成功持续下去，它将产生更多的现金，它可以用这些现金进行试验，承担风险，并开发出新的产品、服务和方法来满足客户需求。

你已经知道在亚马逊（以及所有其他公司，包括你自己的公司）应该关注什么，你需要密切关注这些趋势。如果情况改变了，你需要问为什么？如果公司停止增长，你需要再次问为什么。如果它开始消耗现金，原因是什么？

这些都是 CEO 想让你知道的事情。

03

第三部分

完美执行

WHAT THE CEO
WANTS YOU TO KNOW

第8章

通过完美执行拓展组织能力

执行：完成任务的艺术和学问。

我们每个人都可以实践CEO们在日常运营中所运用的商业智慧：使用通用的商业法则来选择正确的业务优先事项，使公司能够实现盈利性增长。

但是说起来容易做起来难，理解如何创造财富是一回事，真正要做到又是另外一回事。

CEO都清楚，在公司活动中，只有以年、季、周、日为节点的里程碑，没有业务发展的终点。领导者必须每天都创造结果，并且一如既往地延续下去，维持很长一段时间。创造结果就是为团队提供能量、树立信心并补充前进的资源。

假设你确定了三个优先事项，它们结合在一起能够变成强有力的“造钱机器”。你要如何完成这些工作呢？除非你是一位个体户，例如街边的小贩，否则你不能独立完成这一切。你需要其他人的协助。

不管你是CEO还是部门主管，或者仅仅是一个希望得到建议的新人，你必须要成为业务领导者，成为领导他人的人。**业务主管知道应该做什么，领导者知道如何通过他人去完成任务。**他知道充分利用大家的努力，提高每个人的能力，将之协同以达成目标。如果你做好了这些工作，就能取得成果。这就是我所说的卓越执行。

以下是本章的内容要点：

（1）确保你有合适的人能把工作做好。

（2）教练辅导下属，拓展他们的个人能力，使他们（以及整个公司）能完成更多的任务。

（3）在行为上对下属进行辅导，让他们成为自己的领导者。

（4）当人岗不匹配时，做出合理的解释和正确指导。

在进一步深入探讨之前，我们先强调一个观点。担任领导者并不是去做一群人里面的“好好先生”。想象一下你心目中的好人，你会怎么描述这个人呢？当我在我所教的班里提出这个问题的时候，我得到的答案是诸如：待人友善，受人欢迎，热情，激励他人，富有魅力等。

个人特质本身并不足以使得公司成功运转。然而，个人特质能够帮助领导者洞察组织的真实运作方式，知道如何把人们的行动决策和正确的事项结合起来。正是这种能力，把“明星”级别的 CEO 和其他人区分开来。没有这种能力，很多出众的 CEO（更不用说有卓越才能的企业家）最终都会在职业生涯中败下阵来。通过利用他人的能力来执行和达成结果的能力是许多 CEO 在公司内实现晋升的阶梯。这是你个人成长和发展的关键。它能让你获得晋升。

实现完美执行需要不懈的实践，仅仅学习领导理论是不够的。为了在一段时间内达成切实的、可量化的结果，你必须能够选择和培养合适的人才，协同他们的工作，并将他们与业务的优先事项紧密联系起来。

人岗匹配

每个公司都需要做到人岗匹配。现代公司是建立在“职业化”基础之上的，公司使用专业性人才去完成业务。无论是什么岗位，如果做决策的人并不适合他的岗位，他的决策质量就会存在问题，整个公司也都会受到影响。如果做决策的人很适合他的岗位，他就会在这个岗位上愉快地工作，个人的能力也会得到扩展。更重要的是，他的能力将得到提升，工作改进更快，得到更快的认可和晋升。如果这种情况遍布整个公司，那么公司的整个事业都能得到发展。

持续取得优秀业绩的领导者能够识别和发挥每个人的才能。他们把业务需要和个人的才能结合起来，花时间和精力把员工个人安置在他们最擅长的岗位。

要实现人岗匹配，就要先了解完成各项优先事项所必需的技能、态度和天赋。但是，你一定会惊讶地发现你的主管甚至是公司的领导者都忽略了这一点。

假如你是山姆 · 沃尔顿，正在打算开一家新店，你会如何选拔合适的人去经营这家新店呢？你要寻找那些真正想要了解客户，并且专注于以低于竞争对手的价格销售可靠产品的员工。开店赚钱意味着要管理毛利率、存货周转率和业务量的增长。如果你不能识别出哪种人能够胜任这些工作，那么，你就只能放弃成为零售业巨人的梦想了。

山姆 · 沃尔顿仔细挑选了符合他的标准的员工，并对其进行了适当的培训。他教导员工要像老鹰一样盯着销量、价格、存货和客户，同时给予员工足够的决策和行动的自主权。

再举一个例子。我在第 6 章讲过星巴克。你曾经光顾过星巴克咖啡店吗？有没有留意那些制作咖啡的人？在旁人看来，这也许是一项枯燥的工作，但是他们看起来很享受这份工作。CEO 霍华德 · 舒尔茨的成功，在很大程度上归功于他招募、培养和发展员工的能力，让员工能够理解各自工作的重要性，以及公司在办公室和家之间创造一个舒适的“第三空间”的目标。如果星巴克找不到这些人（或者，就像我们之前从舒尔茨的备忘录中看到的那样，忘记了什么才是最重要的），公司将开始偏离成功的道路，快速增长可能很快变成负增长。

也许你会说，这是因为沃尔玛和星巴克都是面向消费者的公司。在首席执行官杰夫 · 伊梅尔特领导下进行转型的通用电气公司，需要什么样的人才呢？该公司正在使用一种名为 Predix 的开放操作系统作为应用程序的数字平台，“连接到工业资产，收集和分析数据，并提供实时观察分析，优化工业基础设施和运营”。通用电气的新方向听起来可能有些模糊不清，因此，伊梅尔特通过一列火车的比喻来简化公司的战略。

“我们过去称它为火车头，”他在解释新通用电气的演讲中说，“它是一个滚动的数据中心。它充满了传感器和应用程序。我们可以监控燃油性能并改善它。当车轮损坏时，我们可以立即知道，并在提高利用率的同时让火车更安全地运行。”

Predix 是创造伊梅尔特所说的“工业互联网”的一部分。它对通用电气有多重要呢？通用电气数字部门 2015 年的销售规模为 50 亿美元，预计到 2020 年将增长到 3 倍。为什么？因为，正如火车的例子所显示的，系统内的分析增加了正常运行的时间，提高了输出和性能，可以识别趋势和异常，并允许进行远程检查。

伊梅尔特称之为“下一次生产力革命”。

Predix 来自通用电气数字公司，这个价值 60 亿美元的部门是通用电气为了实现自己的抱负而创建的。考虑到客户追求的具体利益，通用电气知道，它必须迅速进入数字领域。他们开始推演。更具体地说，他们需要一个领导者，这位领导者能够带头创建一个数字平台以提高工业客户的生产率，同时领导者还要真正了解业务，可以吸引到硅谷里那些充满潜能，有企业家精神，可以组建团队的人才。

GE 找到了这样一个人——Bill Ruh，他现在是 GE Digital 的 CEO，同时也是 GE 的高级副总裁和首席数字官（CDO）。

2011 年，通用电气将他从思科挖来，请他帮助 GE 制定工业互联网战略，并在全球范围内领导 GE 的实体世界和数字世界的融合。

像 Ruh 这样拥有专业技能很重要，但你还需要一些天赋。如果你花时间去观察，你会发现员工的天赋是显而易见的。要注意哪些任务对某些人来说是自然而然的，哪些人善于激励自己和周围的人。

如果你是销售部门的一员，可能看到过销售业绩最好的人被提拔为销售经理，可后来却管理失败。如果老板真的认真观察过他，他们就可能发现他其实只是一个**个人**贡献者。他全力以赴把业务做得很成功，这正是让他兴奋并驱动他创造优秀业绩的原因。因为他可能没有意愿，也没有能力来招聘下属，并培养其成为优秀的销售人员。如果他不能激励他人，培养他人的能力，就不可能成功领导下属完成优先事项来实现更好的销售业绩。这样的人只是一个出色的销售员，却不是一个称职的销售经理。

同时，你需要考虑人的思维模式。他有渴望成功的内在驱动力吗？他愿意做出改变吗？

说得更具体些。例如，你想知道工厂厂长的思维模式。如果他习惯了 1 个月存货周转 2 次，而你告诉他要实现存货周转

30次，他会怎么反应？

我们都见过有人在会议上对新的改进做法说“是”，同意某些事情必须有所改变，但走出门去又用老办法做事。如果你的员工中有这样的人，公司的执行力会发生怎样的改变呢？

有时候，一个人在公司里工作了多年，就认为长时间的工作让自己获得了胜任工作的全部能力。然而，当现实世界发生变化时，对工作的需要也就随之而变。你必须问：他们是否有能力跟上今天的形势？他们是否太过执着于过去一贯的做事方式？

如果我们回到沃尔玛的案例，你可以看到今天的情况。这家公司精通实体零售，但世界上越来越多的人选择在网上购物。沃尔玛需要那些有能力帮助缩小其与亚马逊之间差距的人（甚至最好能让沃尔玛超越这家互联网巨头）。

没有合适的人从事合适的工作，一家公司就不能实现发展和繁荣。1978年，我被邀请为一家小公司的公司战略提供建议，那时候它们的销售收入是2亿美元。这家公司就是英特尔，由三个我们今天称之为天才的人所创立：安迪·格鲁夫（Andy Grove）、戈登·摩尔（Gordon Moore）和鲍勃·诺伊斯（Bob Noyce）。这些人具有令人难以置信的能量，具备打破常规、创造新思路，让世界发生恒久改变，为投资者和员工创造价值的激情和能力。

CEO 安迪 · 格鲁夫管理公司的秘诀就在于，把合适的人安放在合适的岗位上。一天，我坐在他的办公室里，他接到了一位在一家规模为英特尔 20 倍的公司工作的工程师的电话。他说，他愿意接受减薪去英特尔工作，因为他想做一些新的、令人兴奋的事情。工程师被雇用了。他的天赋、态度和干劲与这份工作和公司的需要相匹配。如果没有合适的人，英特尔不可能成为今天这样的巨头，销售额超过 560 亿美元，利润超过 150 亿美元。

这与当今快速变化的行业（如金融服务行业）所需要的契合度完全相同，在这些行业中，消费者正越来越多地通过移动设备与公司进行互动。

处理人岗不匹配的情况

你身边有多少人不适合做他们当前的工作？如果这种不匹配的情况很严重，人们通常会感到心里不踏实，却不知道要为此做些什么？于是，他开始抱怨并影响到周边的人。那些优秀的领导者能够及时发现这种不匹配，从而采取行动。

快速有效地处理不匹配的情况可以使公司很快在执行上获

得优势。然而，这往往是很多公司领导者，包括很多我所熟知的卓越 CEO 无法做到的。我问他们多年来在处理人事问题方面所犯的最大错误是什么，最常见的答复就是让一个不适合的下属在一个岗位上“待得太久”。

简而言之

我和霍尼韦尔退休的 CEO 拉里 · 博西迪（Larry Bossidy）合写了一本畅销书《执行：如何完成任务的学问》（*Execution: The Discipline of Getting Things Done*）。这里我不想重复那本书里提到的内容，但我想给你一个实现高效工作的快速入门方法。

（1）明确你想要达到的目标。

（2）把目标分成若干个阶段（“我们将在一周内完成；在一个月内”）和里程碑（“我们知道，当我们做 X 的时候，我们已经成功了一半”）。

（3）如果遇到障碍，寻求帮助。

（4）不断监控和跟进进展并坚持到底。

最后一件事可能是最难做到的。聪明人讨厌全程跟进。一方面，他们认为这是微观管理。另一方面，他们认为检查下属的工作对于他们而言是一种侮辱。

但是，你必须全程跟进、坚持到底，确保你所说的是明确的，而且正在取得进展。

随着英特尔越来越大，有些人无法适应新的职位要求，管理层需要采取适当的行动。可能这个人更适合在公司的其他岗位工作，也可能英特尔已经不再是适合他发展的最佳公司。在快速发展的公司中，肯定会存在一些人事方面的变动。如果公司的管理层忽略了这些人岗不匹配的问题，我们就可能连听说英特尔的机会都没有了。

为什么领导者常常不敢面对这些不匹配的情况呢？他们是想避免冲突。我看到了很多次人们如何反复准备着去谈话，可到了要解决问题的那一天，他们退缩了。这可以理解，但是是错误的。

避免了冲突却伤害了公司，更伤害了那些人岗不匹配的人。人们经常因为工作环境而抱怨。有时候这是真的，但更多的是其才能与岗位需求的不匹配造成的。

当一个不快乐（不合适）的员工被要求离开公司的时候，这个人的第一反应往往是震惊和难过。但是当他在其他公司找到能够施展自己才华的位置时，他的能量会获得重生。这激发了他的潜能，帮助他获得更大的发展。

我认识一个人，让我们称他为保罗。他刚开始时是一家年销售收入 50 亿美元的跨国公司的销售员，很快，他就展现出了自己的管理才能。他获得了升迁，飞黄腾达。他真诚地关心同事，并且能够激发和拓展他们的才能。因为他的成功，他担任了一个国家的业务主管而不只是销售主管。他同样表现极为出色，后来，由于再次出色地完成任务，他晋升为欧洲地区的主管。

他的持续成功引起了 CEO 的关注。一段时间之后，CEO 向他提出了一个新要求。一个关键业务部门在通过兼并收购实现快速增长之后开始滑坡，负责兼并收购的领导者不能够成功地开展业务，亏损状况得不到改善，因此，该主管被撤换。CEO 要求保罗去接管这个业务部门。虽然对这个业务部门所在的行业一无所知，但保罗还是接受了这一挑战。新工作显然是一个机会，可以证明保罗是否有能力在未来某一天管理整个公司。

保罗从一开始就全力以赴，但也不得不为此而苦苦挣扎。这个部门需要一个懂财务的人，但保罗是市场和销售方面的专家。6 个月后，保罗感到十分沮丧。当他发现自己的努力见效不大时，他提出要更换一些人和聘请一些顾问，毕竟，他不是一个懦弱的人。

同时，保罗的工作未见成效也引起了 CEO 的关注。最终，保罗成为 CEO 的前景变得渺茫，他的能量消耗殆尽了。保罗感觉到自己的职业存在危机，于是他辞掉工作，当上了另外一家在线商务公司的 CEO。这项新的工作属于他所熟悉的行业，可以把他的才能尽情施展出来。这项工作很适合他，他找回了自信和能量。不久之后，他告诉我，他觉得身心获得了“自由”，因为他找到了适合他的工作。

另一家销售收入达 230 亿美元的公司高管是一个非常特立独行的人。他做决策很快，并且总是全力支持下属的工作，下属都很敬重他。但是，他的同事和上司觉得他很无礼。他总觉得自己理应取代上司成为 CEO。每个人都清楚，他很有能力，但还没到那个份儿上。当他的想法遭受打击的时候，他的上司和同事对他的言行愈加感到厌恶。

后来，一家猎头公司邀请他去一家创业公司担当 CEO。在那里，他的天赋和内驱力都很适合这份工作。在 3 年之内，他就使新公司的市场价值超过了他所离开的公司。他是一个具备鲜明个性的 CEO。

教练辅导下属

在工作上表现出色的人需要获得关注。一个真正的领导者通过引导下属，帮助他们走出“舒适区”，发挥出才干并释放出积极的能量来提升下属的才能。提高能力可以意味着给予下属富有挑战性的工作，迫使其培养新的技能或者是获得一个新的视角。

当有人对你的良好表现给予正面评价，对你的技能提升提出中肯的建议时，你会有什么样的感受呢？你可能会觉得拥有了一个关心你的上司和想帮助你不断提升自我并获得成功的导师，同时你会觉得充满活力。

我可以告诉你，凭我的经验，这是一定会发生的。领导者可以教导好下属，在这个过程中，其自身能力也得到了发展。

提问

不是每家公司都有教练辅导或辅导项目。如果你在所工作的地方无法找到需要的辅导，就去别的地方找找。如果还是找不到，那就找一些比你年长、经验丰富的人来帮助你成长。

当你得到反馈时，谦逊地去倾听。请牢记，和你一起工作的人希望你进步。

大多数人不喜欢听（建设性的）批评。但最聪明的人会从中吸取教训，发展自己的能力。

多年前，曾经有一个在马萨诸塞州负责塑料业务的领导者，每个星期天的早上他都会拿起电话，与直接下属通话，讨论在《纽约时报》读到的东西。这个领导者用这些电话来开启下属的智慧，拓展他们的视野。五个星期之后，每个下属都自发地阅读并讨论他们在报纸中看到的内容。领导者通过这个和下属紧紧地联系在一起，并且获得了在商业上更广阔的视野。(顺便提一下，这个就是年轻时的杰克·韦尔奇在通用电气的职业生涯早期做的事儿。)

每年年末，领导者都会在年度业绩评估过程中给予下属反馈，但实际上，业绩评估对下属职业发展所起的作用不大。很多时候，这些年度评估只是一种用于调整薪酬或调整晋升（或解释某个人为什么不被晋升甚至解雇）的例行沟通，并不是帮助人们成长和发展的渠道。

正确的方法是什么？清除一切可能妨碍下属成长的东西，增强他们的优势。这种反馈应该是真诚和直接的，不能含糊。

事实上，教练辅导的机会无处不在，而且越及时越好。一家大公司的某业务主管正在迈向 CEO 的成长道路上。每年他都得到升迁和最高的奖金，每个人都认为他很棒，他总能鼓舞人心，总是说到做到。但是，在一次评估这位领导者的会议上，一位董事给他这样的评价："他可以把事情做得很好，但是总需要别人告诉他应该做什么。"

这句评价的潜台词严重威胁了这位CEO候选人的晋升机会。在一个对他进行评估的董事眼中，他有一个致命的缺点——战略上的无能为力。这个缺点是第一次被提出来，但已经太晚了。董事会认为他不具备领导公司的必要能力。如果在十年前就给出这样的反馈，对他的成长将会有益得多，而且他也有足够的时间去修正。

有时候，负面情况也可以创造教练机会。让我来分享一些关于杰克·韦尔奇的故事吧。

杰克·韦尔奇（一位大师级教练）能把一次糟糕的汇报会变成一次很好的培训机会。当时他是通用电气的CEO，邀请了一群中层管理人员来讨论公司在网络时代初期的电子商务战略。当一位经理开始陈述时，投影设备发生了故障。此时，这位经理面对的是一位苛刻的CEO和十名同事。

你能想象这位CEO做了什么吗？韦尔奇马上在椅子上直起了腰板，看着他的同事说："让我们讨论一下你们在这种情况下将如何应对。"韦尔奇知道谁负责这次会议，他也知道这类情况在每个人身上都有可能发生。此时，他变成了一个教师和教练，他没有如大家所想把这个经理训斥一通，然后检查设备，造成一种负面的压力。

自信、诚实的领导知道培养下属是自己的职责，他们喜欢提供反馈。“真实的反馈”，即是说出他们心里真实所想的。常常，人们总是因为觉得自己可能有错或者害怕报复而犹豫不决。但幸运的是，我们的直觉常常是正确的，而且你希望通过反馈帮助他们的人的能力也会随时间不断提高。一些人可能认为这种教练方法不失为一种好方法，但是他们的公司中并不具备应用的氛围。（参见专栏“提问”。）即使如此，你也可以从三四个能够接受教练辅导的人开始着手。

在一家从未应用过教练辅导的跨国公司中，我看到一个乌拉圭的年轻经理人和他的下属坐下来，手把手地教练辅导他们。在那种公司文化里，要获得反馈并不容易。人们通常会把反馈看作一种批评。但这位经理人做得很好，你可以看到他周围的人对他有多么感激。他让公司在 6 个月里就有了彻底的改观。他的业务如此出众，在不到 1 年的时间里，他就被指定为值得关注并获得了培养机会的人。也许有一天他会成为公司的 CEO。

业务方面的教练辅导

当领导者教练辅导他人的时候，他们往往关注对方的行为改变。对方可以不那么唐突吗？他们能更好地倾听吗？提出这样的问题很好，但别忘了业务。他能战胜复杂性吗？这个人是否选择了正确的优先事项？这些事项具体吗？他们认真执行了吗？

这里有一封值得一读的信。这封信隐去了真实姓名，是一家年营业收入达10亿美元的公司CEO（化名为“鲍勃”）写给一位部门主管（化名“汤姆”）的。这家公司在美国和全球市场都排名第一，并且有着很好的资本收益率，他们的业务很不错，汤姆的部门在所有竞争者中居于前四分之一的位置。鲍勃与汤姆见面后写了这封信，要求他详细说明他的预算要求。

2015年7月31日

亲爱的汤姆：

看了你的预算方案，我有一些想法。

你的计划针对的是更低的销量和价格。请让你的团队对此有所准备。不要错过任何订单。你们正处于一个转型的中期，这种转型是根本性的，而不是循环往复的。眼下的情况只会是暂时的。做好准备吧。

我们需要为成长中的业务提供更多资源。我们讨论了未来的布局，但你还是根据以往的经验进行了分配。这需要做出改变。

关于改变，欧洲分部需要做彻底的改变。人员没有改变，只是现在我们怎么能够让他们把关注的重点转移到公司的目标上面，而不是只专注于地区的利益呢？让我们打破诸侯割据的局面，将各区域的业务和我们全公司的业务整合起来。

你的主要生产线需要能量和动力。对待它，你要付出更多的心血，甚至多于面对新生产线时。每一名管理人员都要全力以赴，充分发挥生产线的潜力。这些都很复杂，但需要想办法简化一下。这会是个严峻的考验。

汤姆，2016 年将是你最艰难的一年。我很高兴你能够接受挑战。

鲍勃

你看出这封信的主旨了吗？鲍勃认为汤姆疏忽了什么？他觉得汤姆没有注意到转型。一个根本性的、结构性的业务转型，而不是一个渐进的过渡。汤姆疏忽了。如果鲍勃不要求汤姆关注这些转型，那会发生什么呢？鲍勃作为一个 CEO 的价值又何在呢？

鲍勃还问到第二件事情。他想知道汤姆是否为未来准备了充分的资源。他想让汤姆向前看，而不是向后看。鲍勃并不只是拍拍他下属的后背，然后说一声“干得好”或者对过去已有的表现进行补充。他做得很特别，而且我敢打赌他能坚持到底。

设身处地地想一下，如果你是汤姆，知道鲍勃对你的评价很高，这封信会让你停下来吗？还是会让你下定决心做得更好？会使你辞职吗？

如果你同意鲍勃的观点，也许你会把这当成一份指南。它会明确地指引你如何发展自己的事业。如果你不同意里面的观点，就应该回去找你的上司讨论。

现在让我们来看看 6 个月后的一封信。

2016 年 1 月 23 日

亲爱的汤姆：

我很高兴参加了你们上周的会议，我觉得你做得很好。

2015 年，你们部门表现得非常出色。存货、应收账款和营运资本都有小幅改善。欧洲分部的表现仍然让人感到失望，而这很显然需要在 2016 年做出改变。我能帮助你们做些什么呢？

展望 2016 年，我认为有几件事你必须考虑。

- **全球市场：**这方面发生根本性变化的可能性是很大的。你的团队是否为应对这种剧烈变化下的成本结构调整做好了准备？
- **高附加值的产品：**是否对高附加值产品有足够的重视？

它是我们的资金最应该投放的领域。

- **供应商**：在供应商管理方面的创新要渗透到整个组织，并成为一种工作常态，对此，必须设定较高的标准。
- **发展中国家**：印度和中国市场有 20 亿人口，对我们来说是巨大的潜在市场。我希望我们可以在第 1 季度制订出计划，百分之百地投入到这些高速成长的新兴市场中去。

最后，汤姆，为了使 2016 年卓有成效，我建议你考虑一下备用的第二个行动方案。你的部门正在经历巨大的转型，面对机遇和挑战，你要迎难而上。你的领导才能可以发挥得更好，你要保持积极乐观的精神状态。

感谢你在供应商管理方面的开创性工作，这对整个公司 2016 年的业绩将做出重大贡献。

鲍勃

在此，CEO 谈到了成本结构、产品线、销售滑坡和盈利性增长机会。在所有复杂的事情里面，他使用短列表来表达问题。他并不是泛泛而谈，也没有用到“战略”这个词。他专注于某些方面：半年过去了，见效不大。上司于是问：我能帮助你们做些什么呢？换句话说，他觉得有必要提供帮助。

鲍勃的这两封信并不是针对个人事情的教练辅导，比如指导汤姆如何与人交流。鲍勃关注的是业务方面：汤姆面对基本现实和业务需求的能力。鲍勃正帮助汤姆提高他的商业嗅觉以及对人的判断力。

这种教练辅导（高度聚焦）对接受它的个人来说是一份真正的礼物。也许这些信对于年轻的经理人员来说太过苛刻了，你可以把话说得温和一些。但是一定要做业务方面的教练辅导。可以肯定地说，如果一个人的能力得到提高，无论对于他本人，还是整个组织都将产生积极正面的影响。

行为方面的教练辅导

下面是一个在具体行为改变方面进行教练辅导的例子。一个聪明、勤奋，具有奉献精神的忠诚员工在团队里面感觉到某种限制，或者说是感到恐吓。他受到其他人的尊重，但是迫于人员流动性的压力，他不敢发表很强烈的不同意见。他满口答应一些不愿意去做的事情，知道那些不过是公司决策的错误。在一对一的情况下，他可以很坦诚、清楚地表达自己的意见，但是在团队环境下，他没有足够的勇气去质疑他人，总是屈从于安排。在这种传统的公司里，人们面露微笑、点头颔首，但是一等会议结束，就背弃了刚刚做出的承诺。他们只是没有坚持他们所说的。

这种弱点削弱了个人和团队的能力。它使决策不得不被反复地讨论和调整，团队的进度被延缓，还会影响到团队安排业务的优先顺序。

找出这些缺点是领导者的重要工作，他需要帮助团队成员发现这些弱点，并教练辅导他们去克服和排除这些弱点。

这里举一个某大型技术公司 CEO 如何教练辅导新到公司的直系下属的例子。首先，CEO 用了整整两页篇幅来夸奖他的下属，然后写到需要提高的方面：

……加强以下方面的工作对于提高你的业绩来说十分重要：

（1）你必须深入了解业务运作的细节。无论是服务业务，还是资金费用，你都要熟谙其运作方式。为实现理想的业绩目标，你必须要求管理人员严格地对业务指标负责。由于你来自业界之外，所以你更要迅速地学习。我会帮助你，让你有更坚实的知识基础。

（2）有时候，你太富有同情心而接受了一些事实上并不合理的计划或者业绩表现。希望你能坚持高标准、严要求，把标准保持在同等或者高于我们必须达到的水平之上，从而推动公司前进，使公司可以成长为一家出色的跨国企业。

看得出，CEO 认为这位领导者太友善了，这种个人行为影响了目标的达成。也许此人对自己缺乏认识，因为他仍是业界中的学习者，或者是其他原因。但是原因并不重要，CEO 告诉他要管理自己的员工，让他们负起责任来。还有一位我熟悉的领导者则被描述成一个神话般的、有才气的、富有幻想和非常负责任的人。但是这个人被他的 CEO 告知，他的能力“不足以抵消”他的过失。这意味着什么呢？也许是因为他害怕承认错误，在一项正在亏损的业务上面动作过于迟缓；也许是因为他不停地往一个注定失败的项目里面扔钱；也许是因为他不能面对自己所提携的某一关键人物竟然不胜任。也可能是三者兼而有之。（当然，如果自己不确定是哪方面的原因，不妨去问问 CEO。）显然，在这里，CEO 希望这位高管做决策时更果断、更迅速。

如果得到反馈的人做出了纠正，管理者和公司就会表现得更好，创造完美的执行。

第9章

协　　同

协同拓展组织能力。

仅仅关注个人并不能抓住组织运营的本质。回顾一下我们的工作经历，在掌握了商业基本要素，并确保合适的人做合适的工作之后，还缺少什么呢?

答案是，把所有这些要素联系在一起，让它们朝着同一个方向以最小的损耗行动。

除非你所有的努力能够协同，并能够链接到组织的业务优先事项上，否则就不可能做到完美执行，更不要提赚钱了。

一个协同的组织就像一支夺冠的赛艇队——队员们以同一个节奏协同，完成个人做不到而团队可以做到的事情。

协同使整个组织变得更好。它充分利用现存的资源，使得

公司能够更快地行动，这在今天至关重要。

对于一个主要依靠家庭成员工作的小商铺老板来说，协同并不是一个大问题。他的孩子也许并不具备工作所需的专业才能，但是他们可以很自然地协同。在一个小的组织里面，每个人都知道各种正在进行的事情。人们可以在电话里无意中听到彼此的事情，他们一起就餐，一起聊天。彼此自动地相互适应。如果有困惑，他们会停下来一起解决。

但是随着组织的发展，成百上千的人在一起工作，协同就成为更大的挑战。

原因很容易理解。为了划分责任，公司建立了正式的组织结构。一旦这种结构被创造出来，社会互动就会改变。通常，从组织的一个部分流向另一个部分的信息会被阻塞或扭曲。公司越大，人们就越难分享信息、达成一致并调整优先事项。决策的速度也就变慢了。执行力就减弱了。

一个非常常见的场景

举一个例子。如果你在一家大公司工作，下面这些听起来很熟悉吗？

你坐在季度总结会上，一位同事正在介绍一份两英寸厚的新产品投资提案。他讲完后，房间里静了下来。人们左顾右盼，等着别人开始讨论。没有人想要发表意见——至少在老板表明立场之前不会。

最后，CEO打破了沉默。他问了几个略带怀疑的问题，以表明他已经尽了全力。但很显然，他已经下定决心支持这个项目。没过多久，其他与会者就开始尽职尽责地插话，小心翼翼地保持自己的积极评价。房间里的每个人似乎都支持这个想法。

但表象可能具有欺骗性。另一个部门的主管默默地担心新产品会占用他的运营资源。制造部门的副总裁认为新产品第1年的销售预测过于乐观，他的仓库里会堆满卖不出去的产品。但每个人都保留自己的意见，会议就结束了。

在接下来的几个月里，该项目在一系列的战略、预算和运营审查中慢慢被扼杀。目前还不清楚谁该为这起“谋杀”负责，但很显然，房间里的真实情绪与表面上的共识截然相反。

在我作为大型组织及其领导者的顾问的职业生涯中，我目睹了许多这类情况，甚至在最高级别的会议中，无声的谎言和缺乏收尾极易导致错误的决策。它们是“错误的”，因为它们最终会被未说出口的因素和不作为毁掉。这是因为负责做出决策并采取行动的人的投入不够。在等级制度下的群体行为，易拘于礼节和缺乏信任，使得群体不会采取明确的行动。这就是缺乏协同。

缺乏协同的工作，正是众多小商贩不能发展其业务的主要原因。他们不懂得如何创立协同机制，让人们以有意义的方式组织在一起，而这种方式可以拓展他们的个人能力，从而拓展整个业务。

缺乏协同使得大公司无法有效地前进。今天，如果你不能快速成长并对变化的环境做出反应，你的公司就会面临被甩在后面的严重危险。

有些人就是拿不定主意。一些公司也是如此，它们的业绩因此也受到影响。

达成组织目标的卓越执行，需要一种协同个人贡献的机制。这就是我所说的“社交沟通执行机制”。社交沟通执行机制是战略执行的关键。

沃尔玛的社交沟通执行机制

以下是我见过的最好的社交沟通执行机制的例子之一。这并不奇怪，它是由有史以来最伟大的零售商之一——山姆 · 沃尔顿创造的。

从周一到周三，大约 30 个地区经理都要去特定的市场，调查9家沃尔玛商店和6家竞争对手的商店。他们搜集一揽子商品，对比它们的价格。早在20世纪90年代早期，沃尔玛就制定了商品售价要低于同一区域主要竞争对手8个百分点的策略。这些地区经理的参观调查是了解这一低价策略的实际执行情况的方法之一。

但是这些地方经理不只观察价格标签。他们要观察货物是怎么摆放的，消费者在购买些什么，商店的外观、氛围如何，竞争对手采取了哪些新的措施，员工的表现如何。

回到最基本的工作上来吧，请记住我们的重点是消费者：他们是谁？他们想买什么？通过竞争分析得出评估结果，正如沃尔玛一直所做的。

请注意，沃尔玛在区域经理和现场执行之间经过了多少层信息过滤，答案是零。零信息过滤的意义何在？赢得了速度和质量。没有延迟，没有过滤，没有扭曲。这种见识从何而来呢？从实践中来，从在沃尔玛工作的人中来。

星期四的早上，山姆·沃尔顿会召开一次4个小时的会议，与会的还有约50个经理。他们中有考察商店的地区经理、物流人员，还有广告部的人员。也许周四早上这个会议会做出下周二太平洋西北海岸地区需要10万件羊毛衫的决策。同时还决定，羊毛衫不需要运往东北，那里目前并不太冷。存货还需要调整一下。

正如你所了解到的，通过这次会议，信息得到了交换和整合，决策得以落实，每一个与会者的大脑里都有了一幅关于业务的全局图，而且能够感受到在最近一个星期所发生的竞争。人们直接从客户和第一线员工那里得到了未经过滤的消息。沃尔玛之前是，现在将来都是一家真正以客户为本的公司。

山姆·沃尔顿的社交沟通执行机制使他的优先工作事项更接地气，在一线，人们协同地工作。同时，还增强了责任感。如果在讨论中有人没有做好准备（或许是因为没有提前准备），所有人都会马上看出来。

我讲这个故事不是说要照搬沃尔玛的社交沟通执行机制。我们要洞察出自身信息交换和协调的关键点，从而设计出适合自己公司的社交沟通执行机制。

设计社交沟通执行机制

请思考一下你是如何将他人的工作努力与你的工作努力进行协同的。可能出现的情况是，你要开很多会来协调他们。但是，在社交沟通执行机制里面，很多会议的效果都不佳：不合适的人参加了会议，会导致交谈散乱，缺乏领导，议而不决，也没有跟进检查。

寻找一个更好的方式。首先，做好业务方面的安排，设置好业务的优先次序，然后花点时间设计社交沟通执行机制。例如，召开一个电话会议，或者一个15分钟的会议，使信息得到交换，让合适的人们相互交流。应用沃尔玛的社交沟通执行机制的特点：信息的即时、协同交换，非正式的对话形式，零过滤（零距离），高频率（经常性）。

一种设计好的社交沟通执行机制可以简单到来自CEO的一封信或者一份报告。这封信开启了信息的流动，营造了新的行为习惯。在我工作过的一家公司，新上任的CEO了解到，在他的一家工厂里员工业务素质优秀、职业素养良好，但是这家工厂并没能为公司盈利，重复的工作和高成本是症结所在。因此，他前30天的工作就是引入一个利润分担计划，让每个人都知道公司是怎么运作的。然后，CEO开始每周发布关于最消耗成本的三个方面的报告：员工总数、重复劳动的数量以及废品数目。

一位有着30年工龄的生产主管被这些报告惊呆了。他说："我一直不知道我们并没有创造财富。如果你允许的话，我可以把成本降低一半。"这位员工解释了他的想法，而这些想法是很有意义的。4个月之后，这家工厂盈利了。每周的报告让每个人用一致的目光去看待业务的进展，使每个人的努力与公司的重点工作相协同。

设计社交沟通执行机制是领导者的一项重要任务，这不是人力资源部的任务。发挥领导者的创造力，并把这看成一项有意义的挑战。

通过对话进行领导

你已经找到了合适的人。就像老生常谈的那样，你如何让每个人同频共振？诚实地交谈，没有隐藏的信息，就像我们在上面的例子中看到的那样。通过这些对话，信息可以共享，假设受到挑战，分歧浮出水面。

这意味着对话的质量决定了人们如何收集和处理信息，如何做决策，如何看待彼此以及如何在决策间做出权衡。对话可以带来新的想法，加快决策速度，这是一种竞争优势。

对话是推动知识工作者的生产力和成长的最重要的因素。事实上，对话的基调和内容塑造了人们的行为和信念（也就是公司文化），比我所见过的任何奖励制度、结构变化或愿景陈述都更快、更持久。

那么，如何创建所需的社交沟通执行机制呢？

把每次与团队成员和其他员工的会面作为一个实践的机会，来塑造你想要的那种开放、诚实和决定性的对话。说话的背后是一个人的思维，你要用一种不带威胁性的方式提问，让别人也这么做。例如，让某人澄清他们的观点，会引出他们的想法。一定要注意倾听，不要对他人的想法做出仓促的评判。即使你不是负责人，你这样做就为整个组织定下了沟通的基调。

这种诚实、直接的对话将为执行和实现决策建立明确的责任。你也可以使用对话来给予反馈，认可成绩优秀者，引导那些阻碍组织进步的人的行为，并教练辅导那些正在困境中的人。这里有一个例子。

美国一家跨国公司最大的业务部门的主管正在向CEO和几位高管做战略规划陈述。听起来他很有信心，他制定了战略，希望能将他的业务从欧洲的第三名提升到第一名。这是一个雄心勃勃的计划，以在德国迅速获得大量的市场份额为基础。公司主要竞争对手的总部在那里，规模是他的部门的两倍。

CEO赞扬了该主管鼓舞人心和富有远见的陈述，然后开始了对话，以检验该计划是否现实。

“你怎么才能实现这些目标呢？”他大声问道，“你还考虑过其他的选择吗？你打算争取哪些客户？你如何以新的独特的方式定义客户的需求?”

这位主管没有想得那么远。

“我还有几个问题,”这位CEO说,“你们有多少销售人员?”

“10位。”

“你的主要竞争对手呢?”

“50位。”回答的是一个羞怯的声音。

CEO继续追问:“谁在管理德国市场?他三个月前不是还在另一个部门吗?他对现在这个市场有多了解?”

如果对话就此停止,CEO只会羞辱和劝阻了这位主管,并向出席会议的其他人传达一个信息:想做大事的风险高得令人无法接受。但CEO并不想扼杀这个战略,让团队士气低落。通过提问,他想在对话中注入一些更为现实的元素。他直截了当地告诉这位主管,要想在自己的地盘上与强大的德国竞争对手较量,需要的不仅仅是虚张声势。

这位CEO说:“与其正面攻击,为什么不寻找竞争对手的弱点呢?你们竞争对手的产品线有哪些空白?你能做一些创新来填补这些空白吗?什么样的客户最有可能购买这种产品?为什么不瞄准他们呢?与其追求实现整体市场份额的增长,不如尝试重新划分市场,进行差异化竞争。”

突然间，似乎陷入死胡同的地方出现了新的见解和方向。会议结束时，这位主管承诺90天后会提出一个更现实的替代方案。为了确保主管不会忘记承诺，CEO随后用一页手写的笔记总结了会议内容，并提出3个月后继续讨论的日期。即使这位主管的战略方案被断然否决了，但他离开房间时依然感到精力充沛、充满挑战、注意力更加集中。

想想发生了什么。尽管一开始可能不太明显，但这位CEO并没有试图维护自己的权威或贬低高管。他只是想确保竞争的现实不会被掩盖。他质疑提出的战略方案，不是出于个人原因，而是出于商业原因。他还想在商业智慧和提出正确的问题方面对与会者进行培训。

对话潜移默化地影响着人们的态度和行为。他们离开时知道，他们应该在非传统的地方寻找机会，并准备好回答不可避免的难题。他们也知道CEO站在他们这边。他们更加相信增长是可能的。

另一件事情也悄悄发生了：他们开始采用CEO的方法。

例如，当德国部门的主管与他的高级职员会面，向他们简要介绍开拓市场的新方法时，他向销售主管和产品开发主管提出的问题是尖锐的、明确的，目的是直接将新战略付诸实施。他采用了CEO与人对话，以及他收集、筛选和分析信息的方式。这是主管从 CEO 那里学来的领导风格。整个团队变得更加坚定且充满活力。

对话的精要

决定公司文化的社交沟通执行机制表现为开放、坦诚、非正式和会议决定。

开放意味着结果不是预先确定的。CEO 们真诚地寻找替代方案和新的发现。提出像“我们错过了什么?”这样的问题吸引人们参与进来，表明领导者愿意倾听每个人的意见。它创造了一个安全的环境来探讨新的想法，并重新思考旧的想法。

坦诚略有不同。它是一种说不出口的话的意愿；揭露未兑现的承诺；揭露那些破坏明显共识的冲突。坦诚是指人们表达真实的意见，而不是说他们认为团队成员应该说的话。当人们同意他们本来无意做的事情时，坦诚有助于消除无声的谎言和口袋里的否决票。它可以防止不必要的返工，并对影响生产力的决策也会重新考虑。

形式主义抑制坦诚；**非正式**鼓励坦诚。当陈述和评论是拘谨的、预先商量好的时，它表明整个会议是精心准备的。非正式性会带来相反的效果，人们更愿意诚实地提问和反应。人们的自发性沟通是有活力的。

如果非正式化使气氛放松，那么**会议决定**就会强化纪律。会议决定意味着在会议、电话会议或一对一的互动沟通结束时，人们确切地知道期望的结果是什么。通过分配责任和设定时间期限，产生了具有决断力的决策。缺乏会议决定，加上缺乏处罚，是产生优柔寡断文化的主要原因。

健全的社交沟通执行机制始终包含这四个特征。

第四部分

制订个人计划

WHAT THE CEO
WANTS YOU TO KNOW

第 10 章

找准自己在大局中的位置

这是你现在需要做的。

现在你应该已经精通公司的通用管理语言，熟练应用（并理解）像现金、库存周转率、盈利性增长和客户满意度等术语了。不论你的工作是什么，你都应该对公司的整体业务有一个大致的了解。你还应该了解股票市场（如果你的公司上市的话）和那些可能有兴趣收购（或被收购）你的公司是如何评估赚钱能力的。

你读这本书可能是因为你想成为一名公司领导。作为领导者，应该如何利用在这本书里学到的智慧，在保证现金净流入、资本收益率、盈利性增长和客户利益的同时改进业务呢？应该如何激发每个人的聪明才智来实现公司的目标呢？

领导者应该把自己的工作重点与公司全局相衔接。如果你在人力资源部门，就可以帮助别人打破他们的“职能竖井”，与公司中其他部门合作，保证每一个人都在从事适合他们的工作。依我们所见，把不恰当的人放在重要岗位上，将对公司造成根本性的损失。

如果你身处 IT 部门，你或许可以通过技术手段把供应商和客户更好地与公司连接起来。内部律师应该时刻关注全球相关法律的变化，并从中发现可能存在的机会。财务部门的员工可以提供及时准确的信息来支持多方面的决策——是否需要增加产能、如何调整价格策略实现最优现金部署以获得更大的利润等。财务部门还可以帮助分析那些最有增长前景的业务机会。

但是我希望到现在你已经相信，只有专业才能是不够的。就像街头小贩一样，你需要像商人一样思考。

那样，你的视野将不会局限于某一个部门，而会扩展到整个公司。这时你将更有创造性地思考，更敢于在任何会议上提问，而不会因为职位不高而害怕或者感到尴尬，你应该领导你的团队讨论公司经营中的一些普遍的规律，也就是我们之前讨论过的基本要素。

也许你有一个关于整个公司的创意可以开辟一个新的领域。或许你也可以协助重构一个问题，找出那些隐含的假设并一一验证它们。

什么是重构一个问题呢？这里有一个例子。

假如你为一家汽车公司工作，有必要降低明年新车型的成本。凭商人的直觉，你会问：“是否有客户不太关心的特性，并且可以通过消除这些特性来降低成本？”如果没有像商人那样思考，你可能会问，客户的哪些需求没有得到满足呢？如果满足这些需求，会不会使这个产品的价值上升，进而使你能够提高产品的价格？如果确实是这样，我们的投入和产能是不是应该做出相应的调整？你总是要想方设法拓宽赚钱的思路。

评估整个公司

每家公司都会面临各种挑战。你首先应当确信自己了解公司面临的挑战。

- 公司去年的销售业绩如何？
- 销售是呈增长态势还是不断下降，或者停滞不前？对此你有什么看法？
- 公司的毛利率是多少？它是增长、下降，还是持平？
- 公司的利润率和竞争对手相比如何？
- 你知道公司的存货周转率吗？
- 你知道公司的应收账款吗？

- 公司最大的客户是谁？
- 公司的资本收益率是多少？
  - 公司的现金净流入是不断增长还是下降的？为什么会增长或者下降呢？
  - 在市场份额、盈利能力等方面，公司在竞争中拥有的是优势还是劣势？

后退一步，从全局的角度观察公司的业务。你对公司的评价和从高层经理那儿听到的一样吗？你应该问哪些问题，或者提出什么样的建议呢？

突破复杂性，化繁为简

现在让我们从更大的视角考虑一下公司运营的前景。公司某项业务所处的外部环境怎样？列表显示出所有能够影响公司盈利能力的因素：

- 这个行业中的产能是否存在过剩？
- 这个行业是否正处于整合之中？
- 该项业务是否面临激烈的价格竞争？
- 该项业务是否会受汇率波动，以及利率变化所影响（会出现上升还是下降）？

- 该项业务是否面临新的竞争对手？
- 创新从哪里产生？
- 该项业务的电子商务发展得如何？电子商务将如何影响公司的发展？

列出的外部影响因素越多，情况也就越复杂。先搞清楚其中哪些因素是重要的。其中是否有一些是相互关联的？是否存在某种趋势？

不要以为这很容易。你需要反复练习才能突破这种复杂性，而且你可能得不到所需的一切信息，因此还需要去调查。

先别往下读，花点儿时间找出你认为重要的一些模式或者趋势，把它们写在下面：

1. ______________________

2. ______________________

3. ______________________

聚焦优先事项

突破复杂性之后，你就能够清楚地知道现实世界中正在发生着什么。之后，你必须为你的团队、部门或者业务单元确定3～4个需要优先考虑的事项，并找出它们是如何共同影响公司的现金净流入能力的。

有些人足够聪明，但是缺乏决断力或者害怕犯错误，以至于不能突破复杂性。你可能会想说“我不是可以等到所有事实都已明确、局势更加明朗的时候再行动吗？”这样做的困难在于：不去下注本身就是一种赌博。就是说，当你选择什么都不做的时候，你其实是选择了保持现状。所以，通过决定不做决定，你已经做了一个决定。你已经决定保持现状。

鼓起勇气、坚定信念，为你的业务领域找出需要聚焦的重点。必须做出判断，什么事情是你的部门、分部或者公司一定要做的，什么又是必须停止的。你还必须决定哪些事情必须优先处理。这些焦点不应该太多，也不要经常变化，必须明确地反复强调它们。同时这些优先级必须要和公司的目标协同一致。

如果你有足够的商业技能和理解力（当然，你也在不断提高它），你会明白为什么这些优先事项的特殊组合能够使公司盈利。

不要被宏伟的目标弄得云山雾罩。你应该能够用简单清晰的语言说明你要做什么，以及为什么这样做会使你赚钱。

利用自己的商业常识和商业直觉，就会惊奇地发现，你也可以想出如此之多的好点子。不妨写下你的业务优先事项：

1. ____________________

2. ____________________

3. ____________________

帮助人们发展能力和增加协同

想想那些每天向你汇报工作的人和那些你每天上班都要打交道的人。你不需要担任公司高管就可以培养他们的才能，并使他们胜任自己的工作。你也不需要设计一套社交沟通执行机制来使一个团队工作得更好。试着找出及时分享原始信息的方法，并揭示潜在的冲突。

- 想想怎样让你的下属找到合适的岗位：现在，胜任这个职位必需的 2 ～ 3 个条件是什么？两年以后，这些条件是什么呢？（你需要保持密切的关注有两个原因。第一，24 个月是一个可预见的时间框架。在那之后，很难预测会发生什么。第二，如果时间超过了两年，你可能会说，这段时间太遥远了，不值得考虑，所以你永远不会采取行动。)

- 那些你称之为个人天赋和内驱力的2～3个特质是什么?
- 阻碍他继续发展的一个主要障碍是什么?
- 该怎样为他们提供帮助和教练辅导呢?

然后将工作小组、团队或者组织看作一个整体，并问自己：

- 决策的速度如何?是的，你想快一点，但你母亲说得对：欲速则不达。没有正确的信息作为基础，一个匆忙的决策总是容易犯错的。
- 决策的质量怎样?团队的目标得到多少成员的支持?100%还是80%?如果目标是100%，你总是会刻意简化决策，这样做会带来两个错误。第一，达成共识需要很长的时间，在这段时间里，竞争对手可能会超过你。第二，你一定会做出一个打了折扣的决策。团队目标最好是80%的成员能够达成一致，然后说服剩下的20%。
- 决策是否被坚定地执行，还是需要经常地重新审视和修改?
- 我们的会议是充满建设性和使人振奋，还是缺乏建设性、令人乏味?

成为领导者

如果你想成为组织的领导者，你需要专注于以下三个方面：商业聚焦、尽可能组建最好的团队、保持协同。

成为公司的领导者。带着街头小贩一般的紧迫感，选择你和你的下属应该关注的三个重点事项，专注其中，毫不动摇。不要试图面面俱到，也不要朝三暮四，更不要在挑战面前畏缩不前。要不断重复强调那些重点事项，使其变得清晰。

作为团队领导者。需要超越街头小贩，努力去构建一个可以执行公司优先事项的优秀组织。为每一个职位找到合适的人选，开发他们的潜能，培养他们的才干，锻炼他们的商业智慧，让他们负起责任。当某人的才能和心态影响到任务的顺利执行时，就要果断进行处理。

协同整个组织。将人们的努力引导到优先的重点工作上来，寻找能够加速信息流通和协调各方面人员的沟通机制。让团队更加果敢担当，打造真正的完美执行团队。

万丈高楼平地起。回到你最初的商业经验，不管是送报纸、卖柠檬水、做服务生还是其他任何赚钱的工作，其中的商业原理都是相似的。在更复杂的环境下锤炼自己的商业智慧。不要害怕犯错误，它能让人学到更多。要做出能够反映商业价值的判断。经常运用你的街头智慧——与他人分享你的知识。

不要只满足于掌握了书中所写，要将之付诸实践。在你合上本书之前，认真想想，准备好回答这个问题：你将怎样帮助自己的公司在未来的 60 ～ 90 天内实现更多的盈利？

开始这个激动人心的新旅程吧！

致　　谢

这本书真正属于我的兄弟姐妹和表兄弟姐妹，他们在没有接受正规教育的情况下实践着商业的普遍规律；也属于印度和其他国家的许多乡村的店主，他们每天都在运用商业智慧。我真正的学习来自观察他们，以及观察世界上最优秀的 CEO。我很感激感谢杰克·韦尔奇、拉里·博西迪、Ivan Seidenberg 以及其他许多杰出的领导者，是他们让我亲眼看到了他们的商业头脑是如何运作的。日本的柳井正（Tadashi Yanai）和中国的唐宁（Ning Tang）等 CEO 的成就表明，商业的基本规律是超越国界的。

我要特别感谢必和必拓（BHP Billiton）前董事长雅克·纳赛尔（Jac Nasser），在他担任福特汽车 CEO 时，他鼓励我写出了这本书的第 1 个版本，作为教学内容。

我还要感谢两位优秀的编辑，他们的热情和娴熟的编辑技巧使得这本书得以顺利出版。大约 16 年前，Crown Business

的编辑 John Mahaney 鼓励我写这本书的第 1 版，并对内容进行了指导。同样供职于 Crown Business 的 Roger Scholl 认识到，虽然商业的普遍原则是永恒的，但商业格局的新变化需要有一个更新的版本，他促成了这一版的更新。

Paul B. Brown 充分发挥了他的读者友好型写作技巧，以确保文章内容易于理解。他巧妙地在其中融入了新材料，确保了无缝的阅读体验。Geri Willigan 是我的长期合作伙伴，在第 1 版就和我一起工作，他的编辑工作为这个版本做出了实质性的贡献。

我也想感谢 Cynthia Burr 和 Jodi Engleson，他们是我办公室里的两个职员，他们让我的工作生活保持顺畅，让我能够完成这样的项目。我很感谢他们的尽心尽力。

最后，我感谢世界各地的终身学习者和奋斗者，他们不断地努力以拓宽他们的知识面，改进他们的组织，使世界变得更加美好和繁荣。

拉姆·查兰管理经典

书号	书名	定价
47778	引领转型	49.00
48815	开启转型	49.00
50546	求胜于未知	45.00
52444	客户说：如何真正为客户创造价值	39.00
54367	持续增长:企业持续盈利的10大法宝	45.00
54398	CEO说：人人都应该像企业家一样思考（精装版）	39.00
54400	人才管理大师：卓越领导者先培养人再考虑业绩（精装版）	49.00
54402	卓有成效的领导者：8项核心技能帮你从优秀到卓越（精装版）	49.00
54433	领导梯队：全面打造领导力驱动型公司（原书第2版）（珍藏版）	49.00
54435	高管路径：卓越领导者的成长模式（精装版）	39.00
54495	执行：如何完成任务的学问（珍藏版）	49.00
54506	游戏颠覆者：如何用创新驱动收入和利润增长（精装版）	49.00
59231	高潜：个人加速成长与组织人才培养的大师智慧	49.00

战略管理

书名	作者	ISBN	定价
七次转型：硅谷巨人惠普的战略领导力	（美）罗伯特 A.伯格曼 韦伯·麦金尼 菲利普 E.梅扎	978-7-111-59617-2	79.00
战略节奏	朱恒源 杨斌 等	978-7-111-59597-7	69.00
蓝军战略	孙黎	978-7-111-59158-0	59.00
共演战略	路江涌	978-7-111-59461-1	99.00
让战略落地：如何跨越战略与实施间的鸿沟	（美）林文德　马赛斯 亚瑟·克莱纳	978-7-111-55259-8	45.00
组织能力的杨三角：企业持续成功的秘诀 第2版	杨国安	978-7-111-50431-3	45.00
隐形冠军：未来全球化的先锋（平装版）	（德）赫尔曼·西蒙	978-7-111-49980-0	50.00